Ich – Du – Wir

Ätze, das Tintenmonster

Ätze hörte Stimmen. Er wälzte sich aus seinem Spinnwebenbett. Mit seinen haarigen, hageren Beinen kletterte er am Heizungsrohr entlang auf die Fensterbank. Keuchend starrte er durch die staubigen Fensterscheiben. Der Durst quälte ihn. Draußen gingen Leute vorbei. Ganz normale Leute.

„Hilfe! Ich brauche Schulkinder. Schuuuulkinder!“, stöhnte er.

S. 172 Textwerkstatt

Seit Wochen wartete er in der Abstellkammer der Grimm-Schule, dass die Ferien zu Ende gingen.

Und das hatte seinen Grund: Ätze war ein Monster. Er stammte aus der Familie der blaublütigen Tintensauger. Ohne Tinte sind die Monster verloren. Sie brauchen sie so nötig wie ein Vampir Blut.

Ätze hatte wochenlang keinen Tropfen Tinte geschluckt. Völlig ausgetrocknet war er.

Ächzend schob sich Ätze wieder in seine Hängematte aus Spinnweben.

Da klingelte die Schulglocke. Wie elektrisiert sprang Ätze hoch. „Schule! Schule! Sie kommen!", rief er.

Text: Ursel Scheffler / Bilder: Erhard Dietl

⊙ Hör-CD – Hör genau:
Wozu braucht Ätze Tinte?

Lesehilfen S. 170 S. 171

Jonas geht in die Schule

Das ist Jonas:

Das ist Mama:

Das ist Anja:

 geht gern in die 

.

Nur heute läuft alles schief.

Als der  klingelt, steckt  seine  ins 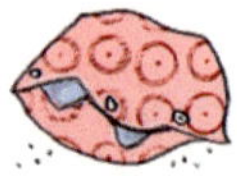 und schläft weiter.

Da zieht  ihm die 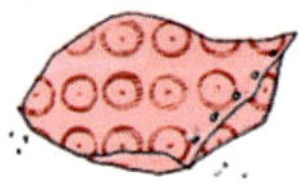 weg.

„Schnell, schnell! Sonst kommst du zu spät!“

Am  reißt ein  ab.

Der 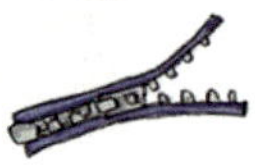 von der  klemmt.

Ein  vom  reißt ab.

spritzt ihm ins  .

Am  kippt der  um.

 stampft mit dem 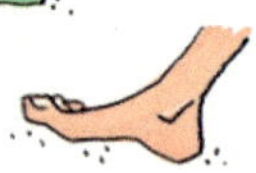 auf.

Draußen am 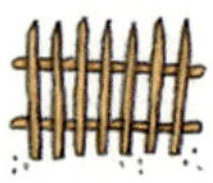 steht schon  , seine Freundin.

Wie gut, dass  gewartet hat!

Rosemarie Künzler-Behncke

Guten Morgen, good morning

Musik und Text: mündlich überliefert

⊙ Hör-CD – Hör genau:
Übt das Lied und singt es.

Textwerkstatt S. 185

Eine Buchstabengeschichte

ans hat eine schwere Hand.

Das heißt: Seine Hand wirft Bälle
mit Leichtigkeit aufs Hausdach.
Oder sie streichelt die Katze sanft
und liebevoll.

Aber beim Schreiben wird die Hand schwer.

Hans übt daheim, läuft
hin und wieder zur Mutter und fragt:
„Wie sehen meine  aus?"

Die Mutter sagt:
„Wie Kartoffeln, aber die schmecken uns ja."

„Und meine  ?",
fragt Hans weiter.

„Nun, sie erinnern mich an Gräser,
durch die ein übermütiger Wind lustig
von allen Seiten bläst."

„Und meine BBB?"
„Ach, die haben prächtig volle Bäuche.
Die sind bestimmt zufrieden."

Hans schreibt weiter.
Dann überlegt er und sagt:
„Buchstaben sind etwas Wunderbares!"

„So?", wundert sich die Mutter.
„Wie meinst du das?"

„Auch wenn sie missraten,
kann man sie immer noch lesen.
Schau, was ich geschrieben habe!"

Ich bin glücklich.

Text: Hans Manz
Bilder: Verena Ballhaus

Zungenbrecher

Fünfzig flinke Füße flitzen.
Flitzen fünfzig Füße flink?

Mein Spitzer spitzt Stifte spielend spitz.
Spielend spitzt mein Spitzer Stifte spitz.

Peter packt pausenlos prima Pausenpakete.
Prima Pausenpakete packt Peter pausenlos.

Was ist das?

BÜCHER

COMPUTER

SCHUL

FARBEN

MEISTER

BALL

S. 173 Textwerkstatt

Witze und Scherzfragen

Manche Monate haben 30 Tage
und andere Monate haben 31 Tage.
Wie viele Monate haben 28 Tage?

(alle)

Witze musst du gut erzählen.
Witze-Erzählern musst du
gut zuhören.

Der Lehrer hat Timo eine Frage gestellt,
doch Timo antwortet nicht.
Da meint der Lehrer:
„Meine Frage ist wohl zu schwer?"
Doch Timo antwortet:
„Nein, überhaupt nicht! Nur die Antwort!"

Was ist beim Elefanten klein
und bei der Laus groß?

(das „L")

Die Lehrerin erklärt, dass Italien
ungefähr tausend Kilometer
von Deutschland entfernt ist.
Da meldet sich Sara und meint:
„Und da behauptet Mario,
er würde aus Italien kommen.
Dabei kommt er jeden Tag
mit dem Fahrrad zur Schule."

www.blindekuh.de
Stichwort: Schulwitze

Abzählverse für die Pause

Eins, zwei, drei, vier, fünf, sechs, sieben,
komm, wir wollen Fußball spielen.
Du bist Torwart, ich im Eck,
eins, zwei, drei und du musst weg!

Eins, zwei, drei,
im Wasser schwimmt ein Hai.
Im Urwald liegen Schlangen
und du musst fangen.

Englisch
1, 2, 3
one, two, three
look at me
I look at you
1 and 2

Französisch
1, 2, 3
un, deux, trois
toi et moi
moi et tu
perdu

Türkisch
O piti, piti
karamela sepeti
terazi lastik
jimnastik
son dersimiz matematik

S. 190 Textwerkstatt

Ich hab etwas für dich

Bist du traurig? Hast du Sorgen?
Soll ich dir mein Lächeln borgen?
Nimm es nur und nütz es gut,
dass es seine Wirkung tut.
Hilft es dir und bringt's dir Glück:
gib's mir irgendwann zurück.

Wolf Harranth

Sonne, Mond und Sterne

Sonne, Mond und Sterne
schenke ich dir gerne.
Erde, Frieden, Lachen
musst du selber machen.

Peter Maiwald

Vielleicht

Vielleicht hast du morgen
ein Königreich,
vielleicht und vielleicht
auch nicht,
und wenn du es nicht hast,
weine nicht gleich,
du hast ja dieses Gedicht.

Frantz Wittkamp

Textwerkstatt S. 173

Ella im Schwimmbad

„Wer von euch kann denn schon schwimmen?",
fragte unser Lehrer.
Da wollten wir ihm natürlich zeigen,
was wir können, und sprangen ins Wasser.

Gleich nach uns sprang der Lehrer ins Wasser
und rettete Timo, Pekka, Tiina und Heidi,
die noch gar nicht schwimmen konnten.

Wir wunderten uns, dass der Lehrer
in seinen Kleidern ins Becken kam.
Wir hatten natürlich alle unsere Badeanzüge
und Badehosen an. Nur Mika nicht.
Seine Badehose lag auf dem Grund des Beckens.
Er hatte vergessen, sie zuzuschnüren.

S. 181 Textwerkstatt

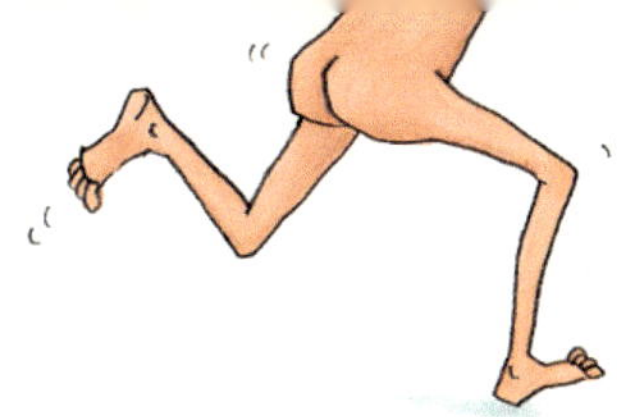

Wir hatten alle einen Riesenspaß.
Alle schrien ganz fürchterlich,
und wir spritzten unseren Lehrer nass.

Der Lehrer hatte das Schwimmen
schon gleich wieder satt und sagte,
wir sollten aber blitzschnell machen,
dass wir aus dem Wasser kommen.
Da versammelten wir uns um ihn herum.
Nur Mika nicht.
Der tauchte noch nach seiner Badehose.
Als unser Lehrer es sah, sprang er wieder ins Wasser.
Dabei hatte er immer noch seine Kleider an.

Wir machten uns echt Sorgen um ihn.

Timo Parvela

Auf dem kürzesten Weg

„Und heute Mittag wird auf dem Heimweg nicht gebummelt“, sagt Kims Mama. „Du kommst auf dem kürzesten Weg nach Hause.“

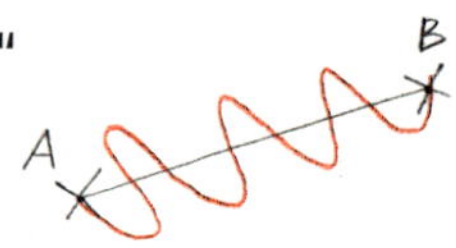

„Ist gut, Mama“, sagt Kim. Obwohl sie sonst sehr gerne bummelt, will sie Mamas Wunsch erfüllen.

Nach der letzten Stunde verlässt Kim die Schule. Sie geht nicht wie gewohnt durch den Vorderausgang.

Kim rennt hinter der Schule über den Bolzplatz, geht die Böschung hinauf und kriecht oben durch das dichte Gebüsch.

Vor ihr liegen viele kleine Gärten. Vorsichtig stelzt Kim über Blumenbeete, kniehohe Zäune, Salate und Kohlköpfe.

Sie klettert über eine leere Hundehütte und schließlich wieder über einen Bretterzaun. Endlich hat Kim die Gärten hinter sich.

S. 171 Lesehilfen

Sie überquert eine Straße und hat schon wieder ein Problem. Mitten auf dem kürzesten Weg steht ein Haus. Sie schaut nach oben. Wie soll sie da hinauf- und auf der anderen Seite wieder hinunterkommen?

Im selben Moment kommt Sven aus dem Haus. Sven geht in Kims Klasse. „Darf ich mal kurz in euer Haus?“, fragt sie Sven. „Ja klar, wieso?“, erwidert Sven. „Erzähl ich dir morgen!“, ruft Kim.

Sie rennt ins Haus und durch die Hintertür hinaus auf den Hof. Danach muss sie noch über den Zebrastreifen und über den Spielplatz, schon ist sie zu Hause.

„Wieso kommst du so spät?“, fragt Mama vorwurfsvoll. „Aber Mama“, sagt Kim, „auf dem kürzesten Weg geht es nicht schneller.“

Werner Färber

Schulwege können interessant, aber auch anstrengend sein.

Herbst

S. 191 Textwerkstatt

Nur ein kleines Samenkorn

Es ist Herbst. Ein stürmischer Wind fegt die Samenkörner einer großen roten Blume durch die Luft. Weit bläst der Wind sie über das Land. Aber da ist ein Samenkorn, das kleiner und zarter ist als die anderen. Was wird aus ihm? Und wohin fliegen sie alle?

Als sie über das große Meer fliegen, fällt eins ins Wasser und geht unter. Auch das kleine Samenkorn ist schon dicht über den Wellen. Im letzten Augenblick packt es der Wind und bläst es wieder hoch in die Luft.

Weiter und weiter fliegen die Samenkörner. Unter ihnen liegt die Wüste in der Sonnenglut. Eins fällt auf den heißen, trockenen Sand und verdorrt. Das kleine Samenkorn ist müde und wäre auch beinahe in die Wüste gefallen. Aber der Wind trägt es wieder zu den andern und pustet alle vor sich her.

Text und Bilder: Eric Carle

⊙ Hör-CD – Hör genau:
Wie hört sich der Wind an? Finde Wörter, die den Wind beschreiben.

Der Wind vor dem Richter

Richter: Wer hat was gegen den Wind zu klagen?

1. Kläger: Mir hat er ein Fenster entzweigeschlagen.
2. Kläger: Mich packte er wie ein Hund am Rock.
3. Kläger: Mir warf er vom Fenster einen Blumenstock.
4. Kläger: Mir zog er die Wäsche vom Seil auf den Rasen.
5. Kläger: Mir hat er die Zeitung vom Tisch geblasen.
6. Kläger: Mir hat er den Staub ins Gesicht geweht.
7. Kläger: Mir hat er den Regenschirm umgedreht.

Richter: Das sind ja böse Geschichten.
Wer weiß nun was Gutes vom Wind zu berichten?

1. Zeuge: Mir wär ohne Wind noch kein Drachen gestiegen.
2. Zeuge: Auch ich kann ihn brauchen beim Segelfliegen.
3. Zeuge: Er trocknet die Wäsche und trocknet die Erde.
4. Zeuge: Er lenkt doch die Wolken wie der Hund seine Herde.
5. Zeuge: Er ist auch ganz lustig, wenn er spielt mit den Hüten.
6. Zeuge: Und macht er nicht fruchtbar Millionen von Blüten?

Richter: Man bringe den Angeklagten hierher,
dann stelle er sich mal selber zur Wehr.

Diener: Herr Richter, ich suchte im ganzen Haus,
ich glaube, er flog zum Schornstein hinaus.

Richter: Dann ist er freilich nicht mehr zu fassen.
Wir wollen ihn weiterhin blasen lassen.

Oskar Dreher

S. 187 Textwerkstatt

Drachenpost – Briefe an den Wind

Du brauchst:

- 1 quadratisches Blatt Papier
- Klebestreifen
- Bindfaden
- große Nadel
- bunte Papierreste

1. Falte das Papier diagonal.

2. Falte zwei Kanten zur Mitte.

3. Klebe die beiden Kanten mit Klebestreifen zusammen. So entsteht die Tasche für den Brief.

4. Knote buntes Papier an den Bindfaden. Das wird der Drachenschwanz.

5. Pikse mit der Nadel zwei Löcher in den Drachen. Unten knotest du den Schwanz fest. Oben machst du eine Schlaufe zum Aufhängen.

6. Bemale deine Drachenpost. Dann kannst du sie aufhängen und deinen Brief an den Wind hineinstecken.

Beschwerde oder Lob?

Windgedicht

Wirf ein Wort
in die Luft, der Wind
trägt es fort

Dann warte
bis der Wind sich dreht
und Antwort bringt

Hubert Schirneck

Herbstblätter

Langsam fällt jetzt Blatt für Blatt
von den bunten Bäumen ab.
Jeder Weg ist dicht besät
und es raschelt, wenn man geht.
Bunte Blätter falln vom Baum,
schweben sacht, man hört es kaum.
Plötzlich trägt ein Wind sie fort,
wirbelt sie von Ort zu Ort.
Wie sie flattern, wie sie fliegen,
sinken und am Boden liegen.

Erna Fritzke

S. 185 Textwerkstatt

Uuuaaahhhh!

In der Nacht vom 31. Oktober auf den 1. November ziehen gruselig verkleidete Kinder von Tür zu Tür. Überall leuchten ausgehöhlte Kürbisse. Es ist Halloween. Die Gespenster, Hexen und Zauberer sagen Sprüche auf, um Süßigkeiten zu bekommen. Wer nichts gibt, dem wird ein Streich gespielt!

Der Brauch, sich am Halloween-Abend schaurig zu verkleiden, ist in Irland entstanden. Irische Auswanderer brachten ihn vor etwa 200 Jahren in die USA. Erst seit etwa 20 Jahren wird Halloween auch bei uns gefeiert.

Erna Hattendorf

Verkleiden, schminken, basteln, backen … Tipps findest du in Kinderzeitschriften.

Süßes oder Saures!

Gibst du nichts, wirst du es büßen!
Die Gespenster lassen grüßen!
Kobolde und Hexenmeister,
Nachtgetier und Grusel-Geister,
vor der Haustür, hinter Ecken,
hocken wir, um dich zu schrecken!

Rotraut Susanne Berner

Wer war Sankt Martin?

Martin lebte vor langer Zeit als Soldat in Frankreich. An einem kalten Wintertag ritt er durch eine Stadt und sah einen Bettler am Tor sitzen. Der Bettler zitterte vor Kälte, da er keine warme Kleidung hatte. Martin konnte dem Mann weder Geld noch Essen geben, da er selber nichts hatte. Aber er trug einen schönen Mantel. Den teilte er mit seinem Schwert in zwei Teile und legte die eine Hälfte dem zitternden Bettler um die Schultern, damit er nicht mehr frieren musste.

Hermien Stellmacher

Warum gibt es Laternenumzüge?

Bald war Martin in der ganzen Gegend wegen seiner Nächstenliebe und Hilfsbereitschaft bekannt. Daher wollten die Menschen, dass er ihr neuer Bischof wird. Aber Martin war viel zu bescheiden und er versteckte sich in einem Gänsestall. Die Leute suchten überall nach ihm – als es dunkel wurde, auch mit Laternen. Da fingen die Gänse so laut an zu schnattern, dass man Martin fand. Am 11. November 394 wurde Martin beerdigt, und zur Erinnerung an ihn ziehen Kinder jedes Jahr an diesem Tag mit selbst gebastelten Laternen durch die Straßen und singen Martinslieder.

Hermien Stellmacher

S. 175 Textwerkstatt

Durch die Straßen auf und nieder

Durch die Straßen auf und nieder
leuchten die Laternen wieder:
rote, gelbe, grüne, blaue,
lieber Martin, komm und schaue!

Wie die Blumen in dem Garten
blühn Laternen aller Arten:
rote, gelbe, grüne, blaue,
lieber Martin, komm und schaue!

Und wir gehen lange Strecken
mit Laternen an den Stecken:
rote, gelbe, grüne, blaue,
lieber Martin, komm und schaue!

Lieselotte Holzmeister

⊙ Hör-CD – Hör genau:
Übt das Lied und singt es.

Textwerkstatt S. 185

Laterne, Laterne

Spielstück für 10 Personen:
Erzählerin, Erzähler, 1. Kind, 2. Kind, 3. Kind, Kinder, Martin, Mondlaternenmann, Mondlaternenfrau, Mondlaternenkind

Erzählerin:
Am elften November ist Martinstag.
Das ist ein Tag, wie ich ihn mag.

Erzähler:
Auch ich mag den Tag und den heiligen Mann
und denke daran, was er Gutes getan.

Erzählerin:
Für die Ärmsten hat er sich stark gemacht.

Erzähler:
Darum leuchten für ihn die Laternen heut Nacht.

1. Kind:
Ob Martin sieht,
was jetzt hier geschieht?

2. Kind:
Vielleicht hört er uns.
Komm, wir singen ein Lied.

Kinder:
Laterne, Laterne, du leuchtest so schön.
Drum wollen wir gerne Laterne gehen.

Martin:
Ich bin Sankt Martin
und möchte schwören:
Bis zum Himmel
kann man euch singen hören.

S. 187 Textwerkstatt

3. Kind:

Sag, der heilige Martin bist du?

Martin:

Ich bin Martin und mehr sag ich nicht dazu.

Kinder:

Laterne, Laterne, du leuchtest so schön.
Drum wollen wir gerne Laterne gehen.

Mondlaternenmann:

Ich bin der Mondlaternenmann
und mache auch die Lampe an.

Mondlaternenfrau:

Bin deine Frau, vergiss das nicht.
Zusammen machen wir mehr Licht.

Mondlaternenkind:

Mein kleines Licht. Und dieser Wind!
Ich bin das Mondlaternenkind.

Kinder:

Sankt Martin lässt grüßen, jetzt und hier.
Laterne, Laterne, heut feiern wir.
Laterne, Laterne, du leuchtest so schön.
Drum wollen wir gerne Laterne gehen.

Bernhard Lins

Das kleine Eichhörnchen

Das kleine Eichhörnchen
sammelt Vorräte
für den Winter.

Es vergräbt Eicheln
unter einem großen Stein.
Es versteckt Haselnüsse und
Bucheckern unter einer Wurzel.

Schließlich klettert das kleine
Eichhörnchen in die Baumkrone
hinauf. Fröhlich springt es
von Ast zu Ast …

… bis es müde ist und in sein Nest
aus Zweigen und Halmen
schlüpft.

In der Nacht kommt
der erste Schnee. Als
das kleine Eichhörnchen erwacht,
hat es großen Hunger.
Es schlüpft aus dem Nest.

Aber heute sieht alles ganz
fremd aus! Aufgeregt gräbt
das kleine Eichhörnchen
im Schnee.

Wo sind die Vorräte jetzt?
Da fegt ein Windstoß
die Schneehaube
von einem großen Stein.

Das hungrige Eichhörnchen
hat einen Teil seiner Vorräte
wiedergefunden.

Susanne Riha

Natur entdecken: Tiere

S. 191 Textwerkstatt

Der faule Kater Josef

Der faule Kater Josef war ein äußerst beschäftigter Kater.
Er verfolgte von früh bis spät einen Zeitplan,
an dessen Ende er stets restlos und völlig erschöpft war.

10.02 – 11.02 Uhr Aufwachen
11.03 – 11.30 Uhr Körperpflege 1
11.31 – 12.20 Uhr Frühstück
12.21 – 14.32 Uhr Verdauungsschläfchen

14.33 – 15.15 Uhr Bildungsprogramm
15.16 – 16.00 Uhr Gehirnentspannung
16.01 – 17.00 Uhr Mittagessen
17.01 – 17.30 Uhr Verdauungsschläfchen

17.31 – 17.35 Uhr Gymnastik
17.36 – 17.59 Uhr Körperpflege 2
18.00 – 19.00 Uhr Imbiss mit Kaffee und Kuchen
19.01 – 20.00 Uhr Bildungsprogramm

20.01 – 20.15 Uhr Aufräumen
20.16 – 21.15 Uhr Abendbrot
21.16 – 21.43 Uhr Körperpflege 3
21.44 – 22.45 Uhr Bildungsprogramm

22.46 – 00.15 Uhr Bildungsprogramm

0.16 Uhr Schlafen

Text und Bilder: Franziska Biermann

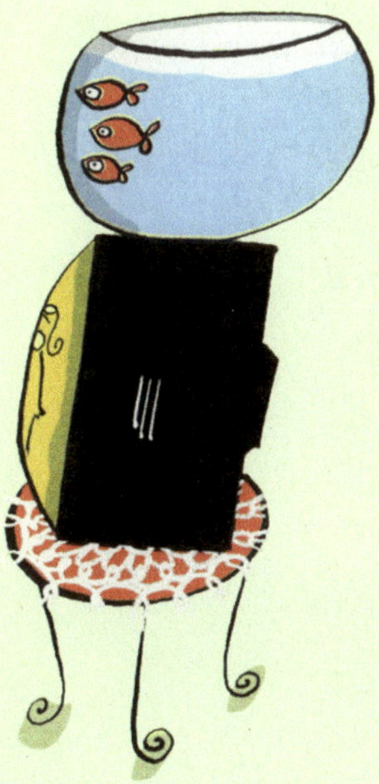

„Hallo, das bin ich!“

Ein Hund stellt sich mit seinem Geruch vor.
Unter dem Schwanz hat er eine Drüse,
die seinen besonderen Duft verströmt.
Hebt der Hund seinen Schwanz,
kann ein anderer ihn beschnuppern.

Katzen, die sich begrüßen, reiben sich
aneinander. Auch am Kopf.
Dort haben Katzen Drüsen,
die ihren besonderen Duft absondern.
Wie Hunde und viele andere Tiere
erkennen auch sie einander am Geruch.

Monika Lange

Wie sagen andere Tiere „Hallo“?
Suche in Tierbüchern.

„Bitte streicheln!"

Es gibt regelrechte Schmusehunde. Sie kuscheln sich an dich oder legen sich vor dir auf den Rücken. „Ich bin so lieb. Streichle mich!", soll das heißen. Sie drehen sich so, dass du an jede ihrer Lieblingsstellen drankommst. Die sind bei jedem Hund woanders. Ausprobieren!

Katzen lassen sich von einem Menschen, dem sie vertrauen, gerne streicheln – wenn sie in Stimmung dafür sind. Das zeigen sie dir deutlich: Sie umschmeicheln dich und werden zudringlich. Sie maunzen oder schnurren.

Das Meerschweinchen macht ganz seltsame Geräusche, es klingt wie eine tuckernde Nähmaschine. Das Tuckern ist ein Wohlfühl-Geräusch. „Ja, mach weiter", heißt das, wenn du das Schweinchen gerade streichelst.

„Jetzt langt's." Das meint ein Kaninchen oder Meerschweinchen, wenn es deine Streichelhand wegstupst.

Irgendwann möchte jedes Tier wieder seinen eignen Geschäften nachgehen.

Monika Lange

Hundesprache

Ein Hund, der in das Ausland geht,
darf gern die Schule schwänzen,
weil man ihn überall versteht.
Ein Hund kennt keine Grenzen.
„Du“ heißt zum Beispiel englisch „you“
und italienisch heißt es „tu“.
Ein Hund, der sagt nur „wu“.

Ach, ging's uns wie's den Hunden geht,
das wäre so gemütlich,
weil jeder jeden dann versteht,
ob nördlich oder südlich.
Dann sagt der eine nicht mehr „du“,
der andere „you“, der Dritte „tu“,
Nein, man sagt einfach „wu“.

James Krüss

Das tierische Wörterbuch

Dass die vielen Menschen rund um den Erdball verschiedene Sprachen sprechen, weißt du sicher. Wie aber ist das bei den Tieren?

Der Hund bellt: WAU
Finnisch: HAU
Polnisch: CHAU

Die Katze miaut: MIAU
Malaysisch: NGIAU
Lettisch: NAU

Der Vogel zwitschert: TSCHIRP
Bosnisch: ČIV
Rumänisch: CIRIP

Das Pferd wiehert: IHAHA
Arabisch: عبنیوٹ (SAHIIL)
Dänisch: VRINSK

Und wer macht so?

Französisch: COCORICO
Schwedisch: KUCKELIKU
Isländisch: GAGG-A-LA-GÙ

Lila Prap

Balaban, der Hund

Familie Neumann beschließt, sich einen Hund zuzulegen.

Ich stellte mir vor, wie ein großer, wunderschöner Hund uns mit weisen Augen anschauen würde. „Es wird aber einer aus dem Tierheim genommen", sagte Mutter. „Er ist sicher viel gehorsamer als ein gekaufter Hund. Er wird uns vor lauter Dankbarkeit mindestens einmal täglich die Pantoffeln bringen."

Am nächsten Freitag fuhren wir zum Tierheim. Es gab alle Hunde, die man sich vorstellen kann, zur Auswahl. Große und kleine, weiße, schwarze, junge und alte. Am Ende eines Ganges stand ein mittelgroßer, schwarzer Hund und schaute uns streng an. Nicht traurig, sondern streng. „Naja", sagte die Tierheimleiterin. „Ich denke, Balaban passt in keine Familie, weil er einem alleinstehenden Mann gehört hat."

„Oh", sagte unsere Mutter. „Das wäre doch etwas für uns. Ein dankbarer, verwaister Hund." Der Hund hob die eine Ecke seines Mauls und ließ kurz die Zähne aufblitzen. Der Hund grinste mich an. Zufrieden und dreist zugleich.

Als wir vom Tierheim nach Hause kamen, sagte Mutter mit feierlicher Stimme: „Na, du liebes Hündchen, hier ist dein neues Zuhause."

Sie schaffte es aber nicht einmal, das Wort ZUHAUSE auszusprechen, weil sich das liebe Hündchen schlagartig in einen Kugelblitz verwandelte und durch unser Haus schoss.

Alle Gegenstände, die sich in der Höhe seines Schwanzes befanden, wurden weggefegt. Mehrere CDs wirbelten wie Geschosse quer durch das Wohnzimmer. Nur die hässliche Vase von Tante Lena blieb heil. Danach legte sich Balaban erschöpft auf den Boden.

Logisch, dass er am Abend das Schlafzimmer meiner Eltern mitbenutzen wollte. Balaban legte sich auf den Boden vor Vaters Bett – wie ein zotteliger Bettvorleger. Vater musste deswegen vom Fußende in sein Bett kriechen, was ziemlich unbequem war.

Mutter behauptete, sie habe Balaban hinausschmeißen müssen, weil er so laut geschnarcht habe. Vater betonte: Balaban sei freiwillig gegangen, als der Wecker klingelte. Was Vater nicht erzählte: Balaban hatte ihm das Kopfkissen geklaut, um nicht so hart liegen zu müssen.

Sheila Och

⊙ Hör-CD – Hör genau: Wie wird Balaban beschrieben?

Zauberkatze

Meine Katze ist verzaubert,
das weiß ich genau.
In Wirklichkeit ist sie eine Zauberfrau.
Wenn sie wollte,
könnte sie durch den Schornstein gleiten
und als Hexe auf einem Besen reiten!
Wenn sie wollte,
könnte sie sich zum Löwen machen!
Und sie könnte noch ganz andere Sachen,
wenn sie wollte!
Doch das fällt ihr gar nicht ein.
Warum?
Sie will meine Katze sein!

Martin Auer

Die Katze

Die Katze trippelt
auf dem Dachfirst.
Stehen bleibt sie kurz
und schaut über
die moosigen Dächer.
Ihre Gedanken zucken
im Schwanz,
im gestreiften.

Erwin Moser

S. 173 Textwerkstatt

⊙ Hör-CD – Hör genau: Mach die Katze nach.

KV 18

Garfield

Ich bin ein Tiger

Ich bin ein Tiger,
ein ganz ein Mu-Tiger.
Mich schrecken weder Nachtgespenster
noch Monster vor dem Küchenfenster.
Ich fürcht mich nicht vor Teufelskrallen,
auch nicht vor Tests, wenn sie entfallen.
Ich bin ein Tiger,
ein ganz ein Mu-Tiger.

Ich bin ein Tiger,
ein ganz ein Kräf-Tiger.
Ich stemme jede Art Gewicht –
ob Riese, Nilpferd oder Wicht.
Ich schleppe Türme oder faule Krähen,
und ich bin nicht zu übersehen.
Ich bin ein Tiger,
ein ganz ein Kräf-Tiger.

Gerda Anger-Schmidt

Textwerkstatt S. 186

Der Wellensittich Clara

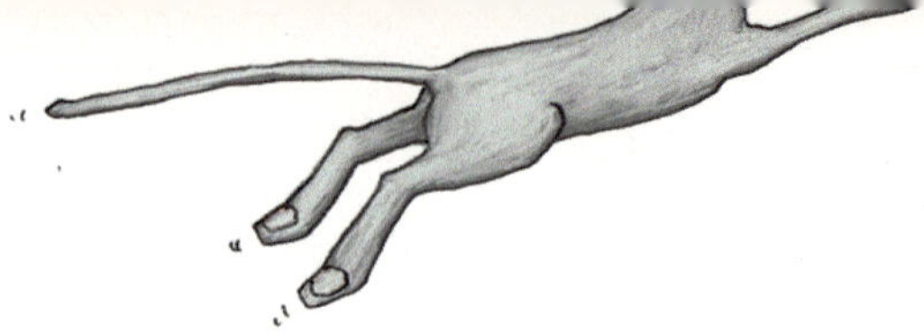

Jens war acht Jahre alt und er war der beste Tierstimmennachmacher der Welt. Behauptete er zumindest.

Als Jens aus dem Haus trat, sah er Laura. Sie saß auf der Treppe und weinte. „Was ist denn los?", fragte Jens. Laura schniefte: „Die Katze ist aufs Fensterbrett, und der Hund hat gebellt, der vom Supermarktheini, und dann noch das Tatütata von einem Krankenwagen. Da ist sie weggeflogen, und die Katze gleich hinterher. Sie hat sie bestimmt gefressen."

„Wen denn?", wollte Jens wissen. „Clara", sagte Laura und heulte wieder los. „Mein neuer Wellensittich." „Ich helfe dir", sagte Jens. „Ich fange Clara wieder ein. Ich locke sie in den Käfig." Jens stellte sich in die Mitte des Hofes und machte: „Türüli türüli türüli." Laura staunte nicht schlecht. „Aber das klingt mehr wie ein Kanarienvogel", sagte sie.

Jens versuchte es noch einmal. „Pilü piliki pililü kick kick." Aber das gefiel ihm nicht. „Wie sieht denn dein Vogel aus?", fragte er. Laura erklärte es ihm.

Jens versuchte wieder den Wellensittich nachzumachen. „Riki riki kirio kirio krö."

Laura schaute nicht sehr überzeugt und Jens meinte: „Naja, vielleicht mache ich mal einen Bussard. Dann bekommt Clara einen Schreck und fliegt in den Käfig." „Hiäh hihä", machte Jens.

Da! Plötzlich sah er einen blauen Punkt vorbeischwirren. Clara! Sie flog einmal um Jens' Kopf und setzte sich an den Mauersims. „Da bist du ja“, sagte Jens und hielt dem Vogel seinen ausgestreckten Finger hin.

„Die Katze!“, flüsterte Laura plötzlich. Jens sah die Katze zum Haus schleichen, mit festem Blick auf den Wellensittich. „Sie will sie fressen!“, flüsterte Clara entsetzt. Ich muss sie aufhalten, dachte Jens. Sofort.

„Fiep fiep fiiiep“, machte Jens in die hohle Hand. Ein Mäuschen, wirklich super echt. „Fiep fiiiep.“ Die Katze war verwirrt.

Dann ging Jens hinter den Schuppen und lockte die Katze, die ihm neugierig folgte. Ihre Augen suchten das Mäuslein, das sie gern verspeisen wollte.

„Fiep fiep fiep“, machte Jens. Und plötzlich sprang die Katze in den Schuppen.

In dem Moment flog Clara von der Mauer und landete auf dem Käfig.

Jetzt konnte Laura sie mit einem Stückchen Hirsekolben hineinlocken. „Danke“, sagte Laura.

Kurt Wasserfall

Kakadu und Papagei

Herr Kakadu Herr Papagei
die stritten sich um u und ei
sie hackten sich und packten sich
und flatterten und schnatterten:
du Papagu!
du Kakadei!
du Geipaka!
du Dupaga!
du Geipudu!
du Dukapa!
du Dupagei!
du Pakadu!
du Geipaka!
du Dupadu!
du Pakapa!
du Geidudu!
am Ende waren sie abgehetzt
und beide schauten tief entsetzt
das u das beulte sich zum o
das ei war platter als ein au
in Zukunft stritt Herr Kakado
sich nie mehr mit Herrn Papagau

Jan Koneffke

S. 174 Textwerkstatt

⊙ Hör-CD – Hör genau:
Welche Tiere erkennst du?

Welches Tier passt zu mir?

Wer sich ein Tier anschaffen möchte, muss prüfen, ob er genügend Geld, Platz und Zeit hat.

Wellensittich
Lebenserwartung:
etwa 10 bis 12 Jahre
Zeitfaktor: ●●○○○
Platzfaktor: ●●●○○
Geldfaktor: ●○○○○
Kuschelfaktor: ●●●○○

Schildkröte
Lebenserwartung:
etwa 70 bis 80 Jahre
Zeitfaktor: ●●○○○
Platzfaktor: ●●○○○
Geldfaktor: ●●○○○
Kuschelfaktor: ●●○○○

Wüstenrennmaus
Lebenserwartung:
etwa 2 bis 3 Jahre
Zeitfaktor: ●●○○○
Platzfaktor: ●○○○○
Geldfaktor: ●○○○○
Kuschelfaktor: ●●●●○

Hund
Lebenserwartung:
etwa 12 bis 16 Jahre
Zeitfaktor: ●●●●●
Platzfaktor: ●●●●○
Geldfaktor: ●●●○○
Kuschelfaktor: ●●●●●

Fische
Lebenserwartung:
abhängig von der Art
Zeitfaktor: ●○○○○
Platzfaktor: ●○○○○
Geldfaktor: ●○○○○
Kuschelfaktor: ◐○○○○

Katze
Lebenserwartung:
etwa 10 bis 14 Jahre
Zeitfaktor: ●●●○○
Platzfaktor: ●●●○○
Geldfaktor: ●●●○○
Kuschelfaktor: ●●●●●

Räuber, Ritter und Rabauken

Die drei Räuber

Es waren einmal drei grimmige Räuber
mit weiten schwarzen Mänteln
und hohen schwarzen Hüten.
Der Erste hatte eine Donnerbüchse.
Der Zweite hatte einen Blasebalg mit Pfeffer.
Der Dritte hatte ein riesiges rotes Beil.

S. 176 S. 181 Textwerkstatt

In der Nacht lagen sie am Wegrand auf der Lauer. Es waren schreckliche Kerle. Wenn sie auftauchten, fielen die Frauen um vor Angst. Die Hunde zogen den Schwanz ein. Selbst die mutigsten Männer ergriffen die Flucht.

Wenn Kutschen vorbeikamen, bliesen die Räuber den Pferden Pfeffer in die Nüstern. Da mussten die Kutschen anhalten. Dann zertrümmerten sie die Wagenräder. Und mit der Donnerbüchse bedrohten sie die Reisenden und raubten sie aus.

Da geschah es einmal, dass sie in einer tiefschwarzen Nacht eine Kutsche überfielen, in der nur ein einziger Reisender saß. Und das war ein trauriges kleines Mädchen, das Tiffany hieß.

Sie war ein Waisenkind und war auf dem Weg zu einer wunderlichen alten Tante, bei der sie leben sollte. Das gefiel Tiffany gar nicht. Und deshalb freute sie sich, als plötzlich die drei Räuber vor ihr standen.

Text und Bilder: Tomi Ungerer

Räuber Hotzenplotz

„Her mit dem Ding da!“

Großmutter blickte verwundert auf. Vor ihr stand ein fremder Mann mit einem struppigen schwarzen Bart. Auf dem Kopf trug er einen Schlapphut. In der rechten Hand hielt er eine Pistole. Mit der Linken zeigte er auf Großmutters Kaffeemühle.

„Her damit, sage ich!“

Aber Großmutter ließ sich nicht Bange machen.

„Erlauben Sie mal! Was fällt Ihnen ein, mich so anzuschreien? Wer sind Sie denn eigentlich?“

„Sie lesen wohl keine Zeitung, Großmutter? Denken Sie mal scharf nach.“

Jetzt erst sah Großmutter, dass in dem breiten Ledergürtel des Mannes ein Säbel und sieben Messer steckten. Da wurde sie blass und mit ängstlicher Stimme fragte sie:

„Sind Sie etwa – der Räuber Hotzenplotz?“

„Der bin ich! Machen Sie keine Geschichten. Geben Sie mir sofort die Kaffeemühle! Ich zähle bis drei …“

Und er hob die Pistole.

„Bitte nein! Die Kaffeemühle dürfen Sie mir nicht wegnehmen. Ich habe sie zum Geburtstag bekommen. Wenn man dran kurbelt, spielt sie mein Lieblingslied.“

S. 187 Textwerkstatt

„Eben deshalb! Ich will auch eine solche Kaffeemühle haben, die ein Lied spielt. Geben Sie schon her!“

Da tat Großmutter einen tiefen Seufzer und gab sie ihm. Was hätte sie auch sonst tun sollen.

„Na also, warum nicht gleich?“

Mit zufriedenem Grunzen ließ Hotzenplotz Großmutters Kaffeemühle in seinem Schnappsack verschwinden. Er hielt der Großmutter zum Abschied ein letztes Mal die Pistole unter die Nase. Dann schwang er sich über den Gartenzaun und verschwand.

Otfried Preußler

„Der Räuber Hotzenplotz“ gibt es als Buch, als Hörspiel und als Film.

Weizendieb und böser Wind

Einem Meisterdieb glückte einst fast alles. Immer fand er ein offenes Fenster, durch das er klettern und sich die Taschen füllen konnte. Und hätte er an diesem Abend nicht so viele Bohnen gegessen, wäre es ihm nicht anders ergangen.

Zu später Stunde schlich sich der Meisterdieb bei einem reichen Bauern durch ein nur leicht angelehntes Fenster in die Scheune. Er erklomm rasch die Leiter, um sich über die Getreideschätze herzumachen. Schon hatte er seine Beutesäcke geöffnet, als der Bauer mit seinen Knechten aus der Schenke zurückkehrte.

Weil es der Bauer im Speicher rascheln hörte, kletterte er mit seinen Knechten die Leiter hoch, um nachzuschauen, ob alles in Ordnung sei. Rasch versteckte sich der Dieb unter Getreidesäcken und hielt den Atem an. „Da tanzten wohl wieder nur die Ratten mit den Mäusen!“, riefen sich die Knechte zu. Dann stiegen sie die Leiter hinab. Der Dieb schnaufte erleichtert auf. Das war noch einmal gut gegangen.

Just in diesem Moment aber zwackte ihn von dem Bohnengericht das Gedärm. Der Bauer wollte die Scheune gerade zusperren, als dem Bösewicht ein gewaltig donnernder Furz entfuhr. Da rief der Bauer seine Knechte zurück und hastete erneut die Leiter hoch. Es dauerte nicht lange, da hatten sie den Dieb unter den Getreidesäcken entdeckt.

„Wie?“, rief der freche Weizendieb. „Ihr wollt mich nicht dafür belohnen, dass ich euch auf mich aufmerksam gemacht habe? Hätte ich euch nicht mit dem lauten Furz herbeigerufen, ihr hättet mich doch niemals entdeckt. Ich habe eine Belohnung verdient.“

Und während die verblüfften Bauersleute noch darüber beratschlagten, wie sie auf diese Unverschämtheit reagieren sollten, drängte sich der Meisterdieb hastig an ihnen vorbei die Leiter hinunter. Er stieß die Leiter um und entschwand ins Dunkel der Nacht.

Märchen aus 1001 Nacht

Knapp daneben

Ich bin der Ritter Hildebrand,
mein treues Schwert lehnt an der Mauer.

Wagt sich ein wilder Feind hervor?
Klopft da ein böser Geist an die Tür?

Ich bin fürwahr ein stolzer Ritter,
und wer mich angreift, büßt es sauer!

Doch Kampf ist nicht mein einz'ges Streben,
der Dichtkunst widme ich mein Dasein.

Und will darüber jemand lachen,
den werd ich grausam niederstrecken!

Martin Auer

S. 189 Textwerkstatt

Don Quichotte

Don Quichotte war ein armer spanischer Edelmann,
der für sein Leben gern ein Ritter gewesen wäre.
Ein Ritter in blitzender Rüstung, mit Lanze, Schild und Schwert.
Obwohl es zu seiner Zeit, vor etwa vierhundert Jahren,
solche Ritter schon lange nicht mehr gab!

Nun hätte das keinerlei Aufsehen erregt,
wenn Don Quichotte seine Ritterträume
hübsch für sich behalten hätte.
Doch so bequem machte er es sich nicht.
Er schlug mit der Faust auf den Tisch und rief:
„Ich bin ein Ritter! Ich habe Feinde!
Und ich werde den Schwachen helfen!"

Dann holte er die eiserne Rüstung
seines Urgroßvaters vom Boden,
kratzte den Staub, die Spinnweben
und den Rost weg, reparierte den Helm
und kletterte in die Rüstung hinein.
Er zog sein Pferd Rosinante aus dem Stall
und ritt davon.

Die Abenteuer, die er erlebte,
hat Miguel de Cervantes
zum ersten Mal aufgeschrieben.
Und er hat in dem Buch behauptet,
schuld an Don Quichottes seltsamen Taten
wären die zahllosen Ritterromane gewesen,
die er gelesen hätte.

Erich Kästner

Ein Kartenspiel mit Fehlern

„Herz ist Trumpf“, sagte Herr Taschenbier. „Du fängst an!“

Das Sams nahm seine Karten vom Tisch auf, betrachtete sie eingehend, beschnupperte jedes Kartenblatt und wackelte unschlüssig mit der Rüsselnase.

„Nun mach schon!“, drängte Herr Taschenbier.

„Ich weiß nicht, womit ich anfangen soll“, sagte das Sams. „Sind die roten Karten besser oder die schwarzen?“

„Die roten natürlich. Die mit dem Herz drauf. Fang endlich an!“, sagte Herr Taschenbier.

„Das tu ich, Papa. Gleich sofort.“

Damit steckte sich das Sams eine seiner Karten in den Mund, die Herz-Sieben, kaute genüsslich darauf herum und schluckte sie hinunter.

„Was … was machst du da?!“, rief Herr Taschenbier.

„Ich habe angefangen. Mit einer roten Karte, wie du's vorgeschlagen hast, Papa“, erklärte ihm das Sams, schob sich die Pik-Zehn in den Mund, kaute und verzog angewidert das Gesicht.

„Bäh!“, sagte es und schüttelte sich.

„Du hast wirklich recht, Papa. Die schwarzen schmecken viel, viel schlechter als die roten.

Rote Karten schmecken fein.
Aber – bäh – die schwarzen!
Die schmecken wie ein Krötenbein
mit vierundfünfzig Warzen!“

Paul Maar

„Das Sams“ gibt's auch als Film.

Räuberkinder

Das sind 2 Räuberkinder.
Sie sind wirklich
sehr, sehr böse!!!

Die spielen auch
so komisch
zusammen!

Nie würden sie
etwas
miteinander
teilen.

Aber wenn's
mal so richtig
drauf ankommt,
dann halten
sie zusammen,
die Räuberkinder!!!

Text und Bilder: Antje Damm

Die tollkühnen Abenteuer von JanBenMax

Die Mutter von JanBenMax ist für eine Stunde unterwegs. Sobald die Mutter weg ist, kommt Frau Metzler von oben herunter. Sie trinkt am Tag sieben Kannen Kaffee und ist dennoch immer müde. „Wie wäre es mit einer Tasse Kaffee?“, fragt Jan. Er hält Frau Metzler den gefüllten Becher hin. „Ach, Kaffee!“, sagt Frau Metzler und trinkt ihn mit einem Schluck leer. Sie ist eingeschlafen, bevor der Kaffee in ihrem Bauch gelandet ist. JanBenMax sehen sich zufrieden an.

JanBenMax schieben Frau Metzler samt Sessel in den Flur und schließen die Tür zum Wohnzimmer. Anders geht das nicht, sonst hätten sie ja gar keine Ruhe. „Wir fliegen zum Mond“, sagt Jan. Erst einmal muss ein Raumschiff gebaut werden. Sie nehmen die Kissen vom Sofa und schieben die Stühle zusammen. Sie hämmern und bohren, sie schweißen und malen. In zehn Minuten ist das Raumschiff fertiggebaut.

„Rein da, juchhu!“, ruft Max und klettert als Erster ins Raumschiff. „Alles klarmachen für den Mond“, sagt Ben und legt einen der schwarzen Hebel um. Das Raumschiff schießt schnurgerade nach oben. Es geht höher und höher, und als sie zurückschauen, ist die Erde unter ihnen nur noch ein Tischtennisball. Dafür schwebt der Mond groß und gewaltig über ihnen. „Hallo, Mond“, sagt Max. „Bereit machen zur Landung!“, sagt Jan.

S. 176 Textwerkstatt

Bevor Ben etwas sagen kann, bricht einer der Hebel ab, und es knallt und pufft aus den Antriebsraketen.

„Was machen wir jetzt?“, fragt Jan. „Die Lenkung ist kaputt, wir können nicht umdrehen. Wir stecken in der Klemme.“ Ben beginnt sofort mit der Reparatur. Doch es ist zwecklos. Ben denkt kurz nach. Dann tritt er ein paar Mal gegen die Steuerung, bis sie funkt und kracht. Als Ben den Lenkhebel ergreift, gehorcht das Raumschiff wieder. „Geht doch“, sagt Ben und nimmt Kurs auf.

Jan zeigt auf die Uhr. „Wir müssen schnell wieder nach Hause. Mama kommt in zehn Minuten, und wenn sie sieht, dass wir mit dem Raumschiff unterwegs sind, wird sie wütend werden.“ Die Zeit ist ganz schön knapp. Ihr Raumschiff rast mit Lichtgeschwindigkeit in Richtung Erde. Genau pünktlich.

Eben beginnen sie das Raumschiff auseinanderzubauen, als auch schon die Wohnzimmertür aufgeht und die Mutter reinschaut. „Wie sieht es denn hier aus?“, ist das Erste, was sie wissen will. „Kann mir mal einer von euch erklären, was Frau Metzler im Flur verloren hat?“ „Komisch, eben war sie noch bei uns“, sagt Jan.

JanBenMax schieben Frau Metzler samt Sessel wieder in das Wohnzimmer, in dem Frau Metzler nach ein paar Minuten erwacht und sich fragt, wo mal wieder die Zeit geblieben ist.

Zoran Drvenkar

Winter

Weihnachten im Stall

An einem Abend
vor langer Zeit,
da kamen ein Mann
und eine Frau
in der Dunkelheit
ihres Weges daher.

Sie waren
weit gewandert
und waren müde.
Jetzt wollten sie
schlafen, wussten
aber nicht, wo.

Überall auf den
Höfen waren die
Lichter erloschen.
Die Menschen dort
schliefen schon.

S. 191 Textwerkstatt

Keiner kümmerte sich um die Wanderer, die noch unterwegs waren. Dunkel und kalt war es an diesem Abend. Kein Stern leuchtete am Himmel.

Da fanden sie einen Stall. Der Mann öffnete die Tür und leuchtete mit seiner Laterne hinein. Vielleicht gab es dort drinnen Tiere? Denn wo Tiere schlafen, da ist es warm, und die Wanderer froren und waren müde. Ja, im Stall waren Tiere. Sie schliefen schon, doch als sie die Tür knarren hörten, erwachten sie und sahen die Wanderer eintreten. Und sie sahen die Frau dort stehen im Lichtschein der Laterne. Aber warum die Frau zu so später Stunde in ihren Stall gekommen war, das wussten die Tiere nicht. Vielleicht spürten sie trotzdem, dass die Frau fror und dass sie müde und hungrig war. Vielleicht spürte es das Pferd, als die Frau ihre kalten Finger unter seine Mähne schob, um sie zu wärmen. Vielleicht spürte es die Kuh, als die Frau sie melkte und ihre gute, warme Milch trank. Vielleicht spürten es auch die Schafe. Denn als die Frau sich zum Schlafen auf das Stroh niederlegte, scharten sie sich um sie und wärmten sie. Dann senkte sich die Nacht still über den Stall und über alle, die darin waren …

Text: Astrid Lindgren
Bilder: Lars Klinting

⊙ Hör-CD – Hör genau:
Wie kann diese Weihnachtsgeschichte weitergehen?

Die Geschichte vom beschenkten Nikolaus

Einmal kam der Nikolaus am 6. Dezember zum kleinen Klaus.
Er fragte ihn: „Bist du im letzten Jahr auch brav gewesen?"
Klaus antwortete: „Ja, fast immer."
Der Nikolaus fragte: „Kannst du mir auch
ein schönes Gedicht aufsagen?"
„Ja", sagte Klaus.
„Lieber, guter Nikolaus,
du bist jetzt bei mir zu Haus,
bitte leer die Taschen aus,
dann lass ich dich wieder raus."
Der Nikolaus sagte: „Das hast du schön gemacht."
Er schenkte dem Klaus Äpfel, Nüsse,
Mandarinen und Plätzchen.
„Danke", sagte Klaus.
„Auf Wiedersehen", sagte der Nikolaus.
Er drehte sich um und wollte gehen.
„Halt", rief Klaus.
Der Nikolaus schaute sich erstaunt um.
„Was ist?", fragte er.

S. 187 Textwerkstatt

Da sagte Klaus: „Und was ist mit dir?
Warst du im letzten Jahr auch brav?“
„So ziemlich“, antwortete der Nikolaus.
Da fragte Klaus: „Kannst du mir auch
ein schönes Gedicht aufsagen?“
„Ja“, sagte der Nikolaus.
„Liebes, gutes, braves Kind,
draußen geht ein kalter Wind,
koch mir einen Tee geschwind,
dass ich gut nach Hause find.“
„Wird gemacht“, sagte Klaus.
Er kochte dem Nikolaus einen heißen Tee.
Der Nikolaus schlürfte ihn und aß dazu Plätzchen.
Da wurde ihm schön warm.
Als er fertig war, stand er auf und ging zur Tür.
„Danke für den Tee“, sagte er freundlich.
„Bitte, gerne geschehen“, sagte Klaus.
„Und komm auch nächstes Jahr vorbei,
dann beschenken wir uns wieder.“
„Natürlich, kleiner Nikolaus“, sagte der große Nikolaus.
Er ging hinaus in die kalte Nacht.

Alfons Schweiggert

Nikolausgedichte

Ach, du lieber Nikolaus,
komm ganz schnell in unser Haus.
Hab so viel an dich gedacht!
Hast mir doch was mitgebracht?

Volksgut

Ruprecht, Ruprecht, guter Gast,
hast du mir was mitgebracht?
Hast du was, dann setz dich nieder,
hast du nichts, dann geh nur wieder.

Volksgut

Draußen weht es bitterkalt,
wer kommt da durch den Winterwald?
Stipp-stapp, stipp-stapp und huckepack –
Knecht Ruprecht ist's mit seinem Sack.
Was ist denn in dem Sacke drin?
Äpfel, Mandel und Rosin'
und schöne Zuckerrosen,
auch Pfeffernüss' fürs gute Kind –
die andern, die nicht artig sind,
klopft er auf die Hosen.

Volksgut

S. 189 Textwerkstatt

Der Heilige Nikolaus

Der Nikolaustag am 6. Dezember erinnert an einen Mann, der vor langer Zeit sehr wahrscheinlich wirklich gelebt hat. Er war der Bischof von Myra. Das liegt in der heutigen Türkei. Über diesen Nikolaus gibt es viele wundersame Geschichten. Fachleute vermuten, dass sie sich mit den Erzählungen über Nikolaus Abt von Sion vermischt haben. Und am Ende entstanden Legenden*, in denen der Nikolaus vor allem Kindern viel Gutes tut – so wie heute noch zu unserem Nikolaustag.

Es wird zum Beispiel erzählt, dass Nikolaus einmal einen Jungen vor dem Ertrinken rettete. Er war von einem Schiff ins Meer gefallen und in den Wellen verschwunden.

Es wird auch gesagt, dass Nikolaus einmal Seeleute rettete, die in einen gefährlichen Sturm geraten waren. Er sorgte dafür, dass das Meer wieder ruhig wurde.

Der Nikolaus gilt deshalb auch als Beschützer von Kindern und Seefahrern.

Früher gab es den Brauch, dass Kinder Nikolaus-Schiffchen bastelten. Da sollte der Nikolaus die Geschenke für sie hineinlegen. Erst später stellten Kinder Stiefel dafür bereit.

Früher erzählten die Erwachsenen den Kindern auch: Der Nikolaus, der zu den Kindern kommt, ist zwar lieb und gut. Er hat aber einen bösen Begleiter bei sich: Knecht Ruprecht. Der bestraft die Kinder, die nicht artig waren.

Silke Fokken

Wer heißt Nikolaus?
Von dem Namen Nikolaus stammen viele beliebte Vornamen ab: Klaus, Klaas, Niklas, Niels, Nick, Niko, Colin, Nicola, Nicole, Nicki.

* Eine Legende ist eine Geschichte, die oft einen wahren Kern enthält, aber nicht unbedingt genau so passiert ist.

Weihnachtszeit in den Niederlanden

Für die niederländischen Kinder ist das Sinterklaas-Fest am 6. Dezember der Höhepunkt der Weihnachtszeit. Sinterklaas ist der holländische Nikolaus. Er kommt mit einem Schiff in einem holländischen Hafen an. In der Hauptstadt Amsterdam wird er, auf seinem Schimmel reitend, von Kindern und Erwachsenen empfangen. Der Sinterklaas reitet über die Dächer und verteilt die Geschenke durch die Schornsteine. Ab dem 2. November stellen die Kinder abends Wasser, Brot und Karotten zur Stärkung für den Schimmel bereit. Am nächsten Morgen finden sie als Dank Schokolade oder eine Pfeffernuss in ihren Schuhen. Am 5. Dezember liegt ein großer Sack vor der Haustür, der mit Geschenken für die ganze Familie gefüllt ist. Das eigentliche Weihnachtsfest ist still und beschaulich. Es gibt ein besonderes Essen, aber keine Geschenke mehr für die Kinder.

Olivia König und Heike Gödecke-Brose

Sinterklaas, Sinterklaas,
setz die Segel und bring mir was,
deinen Weg verfehlst du nicht,
auf der Brücke brennt ein Licht.

Kinder der Rheinschiffer

www.helles-koepfchen.de
Weihnachten in anderen Ländern

S. 177 Textwerkstatt

Letterbanket – Buchstabenkuchen

In den Niederlanden backen die Familien zum Nikolaustag kleine Buchstabenkuchen.

Das brauchst du:

- 400 g Blätterteig (tiefgefroren)
- 200 g Marzipan
- Backpapier
- 1 Eigelb

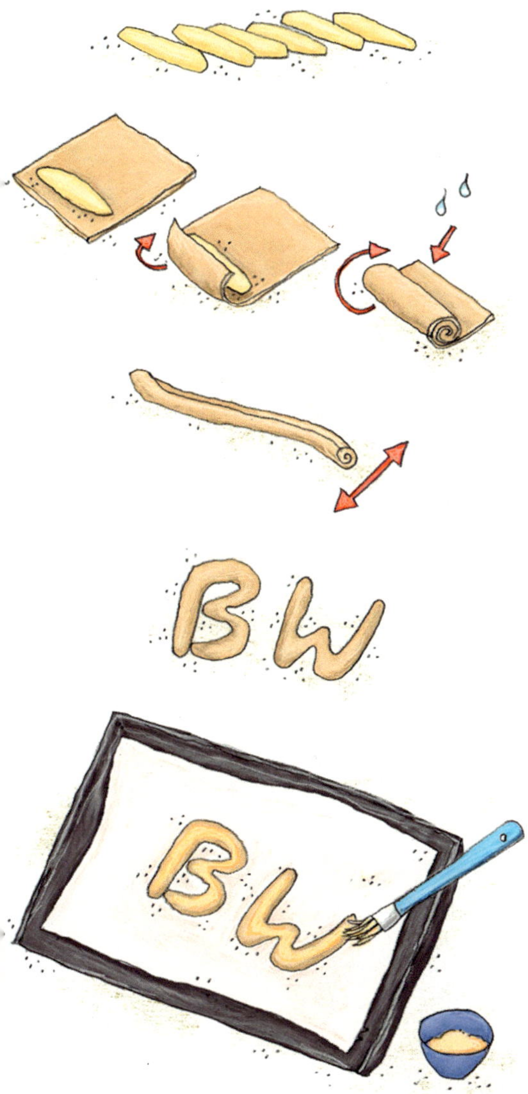

So geht's:

1. Taue den Blätterteig auf.
2. Teile das Marzipan in 6 gleich große Stücke und rolle jedes Stück zu einer dicken Wurst.
3. Lege eine Marzipanwurst auf jede Teigplatte.
4. Schlage den Teig um das Marzipan, bestreiche die Ränder mit Wasser, drücke sie fest zusammen und rolle daraus eine lange dünne Wurst.
5. Schneide von der Wurst passende Stücke ab und forme daraus Buchstaben. (Du kannst einen Buchstaben auch aus mehreren Stücken zusammensetzen.)
6. Lege ein Backblech mit Backpapier aus, lege die fertigen Buchstaben auf das Blech und bestreiche sie mit Eigelb.
7. Backe die Buchstabenkuchen bei 200 °C 25 bis 30 Minuten.

Wenn Weihnachten ist

Wenn Weihnachten ist,
was schenkst du mir dann?
Einen Weihnachtsbaum, einen Hampelmann,
ein wildes Pferd, das ich reiten kann,
und einen großen Wagen?

Wenn Weihnachten ist,
dann schenke ich dir
ein Weißnichtwas aus Goldpapier!
Du sollst nicht so viel fragen.

Ursula Wölfel

Zieh dein Mützlein auf die Ohren

Zieh dein Mützlein auf die Ohren,
nachts hat's Engelhauch gefroren,
und der Wind mit seiner Scher
schneidet Sterne, immer mehr.
Sterne dort und Sterne hier,
komm, wir kaufen Buntpapier,
und wir schneiden Sterne auch,
aber nicht aus Engelhauch,
weil wir ja nur Menschen sind.
Himmelsschnee schneit nur der Wind.

Christine Busta

S. 189 Textwerkstatt

KV 29
⊙ Hör-CD – Hör genau: Sprich laut mit.

Überraschung

Eine Flocke
und wieder
eine Flocke
und wieder
eine Flocke
und schon wieder
eine Flocke
und schon wieder
eine Flocke
und schon wieder
eine Flocke
und noch eine
und noch eine
und noch eine
und noch eine
Oje, oje!
Schnee

Gottfried Herold

Die Schnecke im Winter

Naht der Winter,
geh ich ins Haus,
mache die Türe zu:
Winter bleib drauß!

Zu ist die Türe.
Komme, wer will:
Ich bin zu sprechen
erst im April.

Josef Guggenmos

Ulli ist krank

Ulli liegt schon seit vier Tagen im Bett. Er ist krank.
Mutter sitzt ganz oft bei ihm am Bett.
Sie fragt: „Was wünschst du dir heute zum Essen?“
„Gar nichts, ich hab keinen Hunger“, antwortet Ulli.
„Ich mag Pommes mit Hähnchen“, sagt Ulrike.

„Erstmal sehn, was Ulli mag“, sagt Mutter.
„Er ist schließlich krank.“
Sie fragt Ulli: „Soll ich Pommes mit Hähnchen machen?“
„Mag ich nicht“, lehnt Ulli ab.
„Oder Würstchen mit Ketschup?“
„Mag ich auch nicht“, sagt Ulli.
„Vielleicht Schokoladenpudding?“
„Ja gut, aber mit Erdbeeren“, antwortet Ulli.

„Erdbeeren passen doch nicht
zu Schokoladenpudding“, sagt Ulrike.
„Egal“, meint Mutter, „wenn Ulli das mag.“

Als Vater heimkommt, geht er gleich zu Ulli.
„Ich hab dir ein Buch mitgebracht“, sagt er
und setzt sich an Ullis Bett.
„Das musst du mir aber gleich vorlesen“, sagt Ulli.
„Na klar“, sagt Vater und liest die Geschichte vor.

„Gehen wir jetzt in den Keller, Vati?“, fragt Ulrike.
„Du wolltest mit mir doch heute mein Fahrrad reparieren.“
„Vielleicht morgen“, sagt Vater und geht in die Küche.

Mutter ruft: „Ulrike, komm bitte essen.“
„Ich mag nicht, ich hab keinen Hunger“, ruft Ulrike zurück.
Mutter kommt gleich zu Ulrike.
„Um Gottes Willen, du wirst doch nicht auch krank werden?“,
fragt sie besorgt.
„Geht's dir schlecht?“, fragt Vater
und streicht Ulrike zärtlich über die Stirn.
„Wenn du mir auch eine Geschichte vorliest,
geht's mir bestimmt schon besser“, antwortet Ulrike.

KNISTER und Paul Maar

Nur ein bisschen krank

Wenn ich nur ein bisschen krank wäre,
würde ich im Bett liegen,
auf dem Nachttisch Preiselbeersaft,
ich könnte ein spannendes Buch lesen
und brauchte mich um nichts zu kümmern,
ab und zu würde ich eindösen,
ab und zu schläfrig lauschen,
wie der Schnee fällt,
langsam, draußen.

Bo Carpelan

Fasching auf dem Bauernhof

Rollen: Bauer, Bäuerin, Schwein, Kuh, Ziegenbock, Pferd, Hennen

Schwein: Ich bin ein Schwein
und brülle: „Muh!“

Bauer: Du bist ein Schwein!
„Muh“ brüllt die Kuh.

Kuh: Ich bin die Kuh
und grunze laut.

Bauer: He Kuh, auch du hast Mist gebaut.
Es grunzt das Schwein.
Und du machst: „Muh!“
Was soll das bitte, blöde Kuh!

Bäuerin: Hallo, was soll der ganze Quatsch?

Schwein und Kuh:
Faschingszeit. Kladeratatsch.

Ziegenbock: Ich bin und bleib ein Ziegenbock.

Bäuerin: He, du trägst meinen Unterrock.
Was soll denn dieser ganze Quatsch?

Schwein, Kuh und Ziegenbock:
Faschingszeit. Kladeratatsch.

Pferd: Ich bin ein guter, alter Gaul.
Wenn’s lustig wird, bin ich nicht faul.
Dann spring ich wie ein Fohlen her.
Mir ist, als ob jetzt Fasching wär.

Heißt das Fest bei euch auch „Fasching“?

S. 187 Textwerkstatt

Bäuerin: Was soll denn dieser ganze Quatsch?

Alle Tiere: Faschingszeit. Kladeratatsch.

Bauer: Nun aber Schluss! Und fertig! Aus!
Ich bin doch hier der Herr im Haus.

Bäuerin: Du meinst, du bist der Herr im Haus.
Im Fasching schaut das anders aus.

Alle Tiere: He, Bäuerin, Applaus, Applaus!
Er meint, er wär der Herr im Haus.

Hennen: Wir Hennen verpennen den ganzen Tag,
egal, ob wer frische Eier mag.
Faschingszeit nicht nur auf dem Hof.
Und wer nicht mitmacht, der ist doof.
Wir legen zur Feier des Tages ein Ei.

Alle: Lasst uns tanzen, denn bald ist der
Fasching vorbei.

Bauer: Und dann bin ich wieder
der Herr im Haus?

Bäuerin: Bald werden wir's wissen.

Alle Tiere: Applaus, Applaus!

Bernhard Lins

Zeiten und Räume

Stockmann

Die Welt ist voller Abenteuer, vor allem für Stockmann.
Alle haben es auf ihn abgesehen, weil sie ihn
mit einem ganz gewöhnlichen Stock verwechseln.
Und so irrt Stockmann ein ganzes Jahr herum.

Stockmann lebt zu Hause im Glück
mit seiner Frau und den Kindern drei Stück!
Morgens dreht er früh seine Runde.
Stockmann, pass auf, gib acht vor dem Hunde!

„Ich bin kein Stock, du dummer Hund!
Ich bin Stockmann! Stockmann! Guck doch genau!
Ich will nur nach Hause zu Kindern und Frau.“

S. 181 Textwerkstatt
KV 32
KV 33 (Test)

„Ich bin für keine Fahne ein Mast,
auch kein Ritterschwert
und zum Wandern kein Ast.
Ich bin kein Stift,
kein Flitzebogen,
kein Baseballschläger,
kein Bumerang – nee!“

Stockmann! Stockmann! Vorsicht! Der Schnee!
Herbei stapft ein Junge, sieht Stockmann und lacht:
„Ein Arm, wie für meinen Schneemann gemacht!“

„Ich bin kein Arm! Da reicht doch ein Blick!
Ich bin Stockmann! Stockmann! Verlässt mich das Glück?
Komm ich jemals zu meiner Familie zurück?“

Text: Julia Donaldson / Bilder: Axel Scheffler

⊙ Hör-CD – Hör genau:
Als was wird Stockmann alles benutzt?

Morgenmusik

Morgens, wenn der Tag beginnt
und die Vögel munter sind,
hört man manche Hasen
die Trompeten blasen.
Sie schmettern, tättärätt,
die Schläfer aus dem Bett.

Morgens, wenn der Tag erwacht
und die Sonne scheint und lacht,
spielen manche Katzen
Geige mit den Tatzen.
Sie geigen, vigelei,
das Mausevolk herbei.

Morgens, wenn der Tag beginnt
und die Sonne Kraft gewinnt,
fängt man bei den Tieren
an zu musizieren.
Dann tönt in Wald und Feld
das Morgenlied der Welt.

James Krüss

Morgen in der Stadt

Erst rappelt laut der Wecker,
dann klappen Türen auf,
vom Stadtrand summt die S-Bahn,
der Tag nimmt seinen Lauf.

Schnell trippeln Kinderfüße,
ein Mann steigt auf den Kran,
es schlagen Autotüren,
es quietscht die Straßenbahn.

Ein Duft von warmen Broten,
ein Hundebellen fern.
In einer kleinen Pfütze
versinkt der letzte Stern.

Musik geht durch die Wände
und eine Stimme spricht.
Die Taube auf dem Baume
ruft in das Morgenlicht.

Die Sonne blitzt im Fenster,
der Himmel leuchtet klar,
der Morgen ist so anders,
so neu, wie keiner war.

Was wird er mir wohl bringen?
Noch lässt er es nicht sehn.
Bestimmt wird heute etwas
Besonderes geschehn.

Alfred Könner

Die Reise der Sonne

Musik: Heinz Lemmermann, Text: Eva Bartoschek-Rechlin,
Text 2. und 3. Strophe: Werner Rizzi

2. Liegst du noch in schönsten Träumen,
   geht die Sonne langsam auf.
   Über Asien und Australien
   nimmt sie immer ihren Lauf.
   Länder, die im Osten liegen,
   hat sie alle schon gesehn
   und kann endlich dann zum Frühstück
   hier bei uns am Himmel stehn.

3. Übern Tag, da zieht sie westwärts,
   wird dort abends untergehn.
   Du gehst in dein Bett zum Schlafen
   und du kannst sie nicht mehr sehn.
   Doch sie scheint jetzt ganz woanders,
   in New York, dann in Schanghai,
   und kommt, wenn der Kreis vollendet ist,
   bei uns wieder vorbei.

⊙ Hör-CD – Hör genau:
Übt das Lied und singt es.

Was zwischen Morgen und Abend passiert

Halte einmal für vier Sekunden
die Luft an.
So, jetzt kannst du wieder atmen.
In dem kurzen Augenblick,
wo du nicht geatmet hast,
ist auf der Welt eine Menge passiert:
Schönes und Trauriges, Lautes, Leises,
Angst, Arbeit, Spaß.

Zum Beispiel um 

.

Ein Junge sagt zu seinem Kaninchen:
„Ich hab dich wahnsinnig lieb."

„Ich will nicht üben!",
schreit Dorothea und haut
auf die Klaviertasten.

Ein Kind sitzt allein zu Hause
und kaut an seinem Bleistift.
Wenn die Mama nicht
wiederkommt, denkt es.
Wenn sie nie wiederkommt,
was mache ich dann?

„Miserabel", sagt der Zahnarzt
zu Timo. „Miserabel! Noch nie
das Wort Zahnbürste gehört?"

Auf dem Spielplatz Südstadt
steht ein Junge und weint.

„Mensch ärgere dich nicht",
sagt die Großmutter,
die das Spiel verloren hat.
Aber sie ärgert sich doch.

Über dem Tannenwald
steht ein Regenbogen.

Günter Frorath und Rosemarie Harbert

Was könnte um
10:23 Uhr passieren?

Sehnsucht nach Papa

Rosa legt ihre  auf den  und schiebt ihn von sich. Sie mag überhaupt nichts essen. Rosa sehnt sich nach Papa. Er ist gestern mit dem  verreist. Rosa seufzt. „Darf ich Papa anrufen?“, fragt sie. Mama sieht auf ihre . „Jetzt geht es nicht. Papa schläft sicher noch.“ „Um  mittags?“, fragt Rosa. „Ist Papa krank?“ „Nein“, sagt Mama, „in Amerika ist es jetzt erst  morgens.“ „Wieso das denn?“, fragt Rosa. „Warte, ich hol den “, sagt Mama. Sie stellt den  auf den .

Eine  hat sie auch mitgebracht. „Schau mal, wir wohnen hier“, sagt Mama. Sie zeigt auf Deutschland. „Weiß ich doch“, sagt Rosa. „Stell dir vor, die  ist die “, sagt Mama. Sie knipst die  an und leuchtet auf Deutschland. „Bei uns ist es jetzt hell. Papa ist mit dem  aber dorthin geflogen.“ Mama zeigt auf Amerika. „Da leuchtet deine  nicht“, sagt Rosa. Jetzt versteht sie, warum Papa noch im  ist. „Und was ist da unten, wo die  auch nicht hinleuchtet?“, fragt Rosa.

„Da leben die  und die “, antwortet Mama. „Das ist Australien. Dort ist es jetzt ungefähr  abends.“ „Dann müssen die  und  jetzt aber ins “, sagt Rosa. Mama lacht. „Wenn ich den  schnell weiterdrehe“, sagt Rosa, „scheint in Amerika die  und ich darf Papa anrufen.“ Da klingelt das . Schnell läuft Rosa hin. Sie nimmt den  ab. „Papa!“, ruft sie. „Warum bist du nicht im ?“ Sie redet mit ihm, bis Mama sagt: „Ich will auch mal.“ Als Mama den  auflegt, hält Rosa erschrocken die  vor den . „Ist Papa jetzt aufgewacht, weil ich den  gedreht habe?“ Mama schüttelt lachend den . „Ich glaube, er hat sich einfach nach uns gesehnt.“

Werner Färber

Das ist die Erde

Das ist die Erde,
kugelrund und dick,
mit Land und Meer,
mit Berg und Tal,
Mit Städten, Schnee und
Wäldern.
So wie sie fliegt
durch Tag und Nacht,
ein Stern wie alle andern.

Elisabeth Borchers

Lange vor allem

Lange vor allem war nichts.
Da kam mit heiserem Bellen ein Hund gerannt.
Das Nichts erzitterte, denn nun war da etwas.
Der Hund blieb eine Weile keuchend stehen,
bevor er mit heiserem Bellen das Weite suchte.
Danach war wieder lange nichts.
Später entstand dann das Weltall mit allen Sternen.

Franz Hohler

Warum leuchten die Sterne?

Sterne entstehen aus Gaswolken, die es überall im Weltraum gibt. An manchen Stellen bildet das Gas Klumpen. Die Klumpen ziehen sich nach und nach zu riesigen Gasbällen zusammen. Jetzt sind die neuen Sterne schon fast fertig, aber sie leuchten noch nicht.

Die Sterne entzünden sich von selbst: Wenn ein Gasball sehr groß und schwer geworden ist, werden die Teilchen in seinem Innern stark zusammengedrückt. Immer zwei Teilchen finden sich zusammen und verschmelzen zu einem einzigen, größeren. Dabei wird enorm viel Energie frei – der neue Stern leuchtet auf!

Die Sterne leuchten also, weil sie glühende Kugeln aus Gas sind.

Sylvia Englert

Sternenhimmel

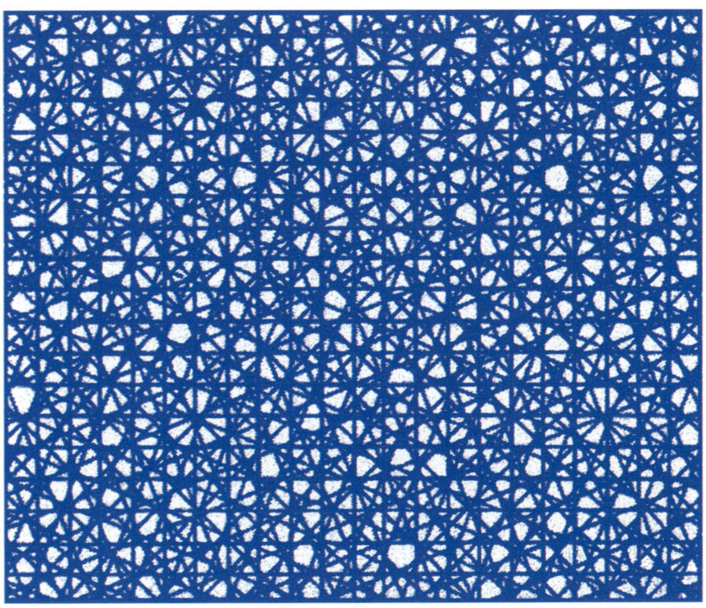

Sieh genau hin. Siehst du, wie die „Sterne" funkeln?

Das bin ich

Jeder Tag hat eine Farbe

Manche Tage sind gelb
und manche sind blau.
Die Farbe ändert sich –
und ich?

S. 186 Textwerkstatt

Meine kunterbunten Launen
bringen mich zum Staunen.

Sind die Tage rot wie Glut,
fühle ich mich richtig gut.
Wie ein Pferd werf ich die Hufe,
nehme spielend jede Stufe.

Und an himmelblauen Tagen
kann ich mit den Flügeln schlagen.

Manchmal ist ein Tag ganz braun,
keiner von den bunten.
Ich mag nicht aus den Augen schaun
und fühl mich ganz tief unten.

An rosa Tagen geht's mir prächtig.
Stolzieren und springen gefällt mir mächtig.

Ein Durcheinander-Tag ist wild und bunt.
In mir drin geht's ganz schön rund.
Nach alledem wird endlich klar:
Ich bin und bleibe, wer ich war.
Die Farbe ändert sich,
doch ich bleib ich.

Text: Dr. Seuss / Bilder: Steve Johnson und Lou Fancher

Ich freu mich

Ich freu mich, dass ich Augen hab,
die alles ringsum sehn.
Freu mich, dass ich Füße hab,
wohin ich will zu gehn.
Freu mich über meine Ohren,
dass ich die Vögel hören kann –
und zieht der Kuchenduft ins Zimmer,
wie freut sich meine Nase dann.

Die Hände greifen, was ich will,
die Finger halten selten still –
und meine Haare kitzeln mich,
und was der Kopf denkt, spreche ich.

Lutz Rathenow

Die Stille

Die Stille, die Stille,
die ist so ganz stille,
und hörst du sie schwach,
dann ist sie schon Krach.

Die Stille, die Stille,
macht nie killekille,
sie ist oft so still,
wie man es nicht will.

Die Stille, die Stille,
die ist so ganz stille,
Geflüster dabei
gilt schon als Geschrei.

Die Stille, die Stille,
macht nie killekille,
Willst du sie vermehrn,
mach bloß keinen Lärm.

Pssst!

Erwin Grosche

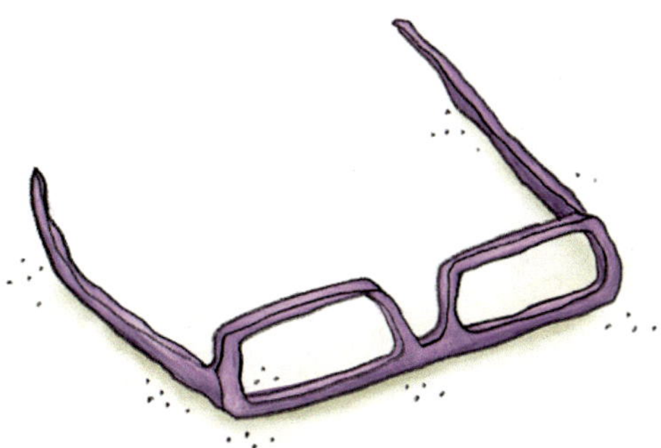

Die Brille

Immer in der Stille
stört mich meine Brille.
Ja, ich könnte schwören:
Ohne Brille kann ich besser hören!

Heinz Janisch

Textwerkstatt S. 183

Der Tollpatsch

Tobias ist ein Tollpatsch. Ständig stolpert er oder wirft etwas herunter. Er versteht einfach nicht, warum.

Heute geht die Oma mit Tobi einkaufen. In einem Laden entdecken sie etwas ganz Tolles: eine Flasche mit einem Segelschiff im Bauch. „Das ist ein Buddelschiff!“, sagt die Verkäuferin. Sie holt es vom Regal herunter und stellt es auf den Ladentisch. Jetzt kann Tobias es genau betrachten: die beiden Masten, die winzigen Segel, das Ruder. Aber auf einmal, Tobi weiß nicht warum, fällt die Flasche herunter und zerspringt. Dabei bricht das schöne Segelschiff entzwei. „O nein!“, ruft die Verkäuferin, „Was bist du doch für ein Tollpatsch!“ Tobias fängt sofort an zu weinen. Vor Schreck, und weil er weiß, dass man dann weniger ausgeschimpft wird. Die Oma schimpft auch nicht. Wortlos bezahlt sie den Schaden.

Erst draußen sagt sie: „So geht das nicht weiter. Komm!“ Sie nimmt Tobias an die Hand und geht mit ihm in ein Geschäft, in dem er noch nie gewesen ist. Der Mann, den die Oma „Optiker“ nennt, setzt ihm ein ulkiges Gestell auf die Nase. Tobias kann nun nur noch mit einem Auge sehen. Der Optiker fragt ihn: „Was siehst du?“ „Nur einen braunen Fleck“, antwortet Tobias. Der Mann verändert etwas an dem Apparat und fragt wieder: „Was siehst du jetzt?“ Und Tobi antwortet: „Einen braunen Bauch! … Einen braunen Bauch mit Armen, Beinen und Kopf! … Einen Teddybären!!“

Nun kommt das andere Auge an die Reihe. „Klarer Fall“, sagt der Optiker. „Du brauchst eine Brille. Es wundert mich, dass du nicht dauernd etwas umgeworfen hast!“ Tobias und die Oma gucken sich an und lachen.

Katharina Kühl

Wer isst was?

Yuta (6) aus Chiba in Japan

Mein typisch japanisches Lieblingsessen ist Okonomi-Yaki (Wie-du-magst-Pfannkuchen). Bei uns steht das Essen auf einem niedrigen Tisch. Wir sitzen auf dem Boden. Beim Essen dürfen wir uns freundlich unterhalten, aber nicht aufstehen. Gegessen wird in Japan mit Stäbchen.

Nassim (9) aus Casablanca in Marokko

Ich esse gerne Kefta belbid (Hackfleischbällchen mit Ei). Beim Essen dürfen wir reden und lachen. Wir müssen nicht aufessen, wenn wir keinen Hunger mehr haben. Wir essen meist mit den Händen. Bei manchen Gerichten benutzen wir auch Gabel und Löffel.

Sonja (8) aus Nova Gradiska in Kroatien

Ich esse am allerliebsten Sa kupusom i odresci od mljevenog mesa (Weißkohlfleckchen mit Hackfleischschnitzel). Vor dem Essen waschen wir uns die Hände. Rülpsen und Essen mit offenem Mund sind verboten. Nach dem Essen räumen wir den Tisch ab und putzen unsere Zähne.

S. 181 Textwerkstatt

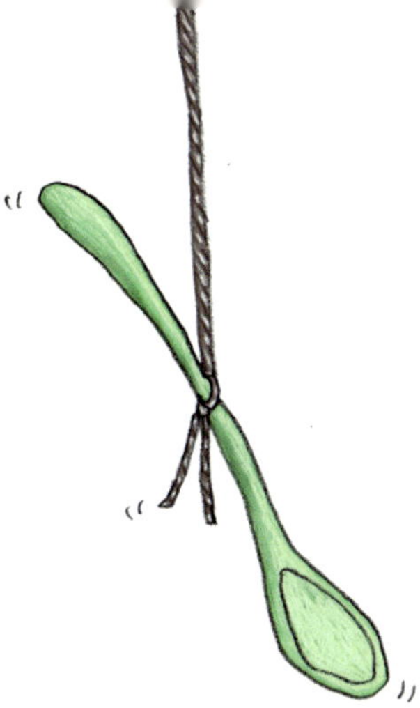

Schmeckt

Haferflocken
Zucker
Wasser
und dazu Kakao

umgerührt
in einer Tasse
schmeckt wie Gelb und Blau

schmeckt nach Trösten
schmeckt nach Streicheln
schmeckt nach Mamas Sachen
schmeckt nach einer letzten Träne
und dem ersten Lachen

Jutta Richter

Die knubbeldicke Kartoffelkönigin

Im Keller des Gasthauses „Zur dicken Knolle“ stand eine Kiste mit den besten Kartoffeln. Eine von ihnen war besonders schön, riesengroß und knubbeldick.

Eines Tages wollte der Koch für ein feines Kartoffelgericht selbst die besten Zutaten aussuchen und stieg in den Keller. Er entdeckte die Riesenknolle und staunte: „Was bist du für ein Prachtstück! Aus dir mache ich eine leckere Kartoffelpastete, und die werde ich dann dem Herrn Bürgermeister vorsetzen.“

Doch ehe er sich's versah, sprang sie ihm schwuppdiwupp! aus den Händen und rief:

„Ich bin die knubbeldicke Kartoffelkönigin.
Wer mich essen darf, bestimme ICH!“

Sprach's und rannte fort über Wiesen und Felder, durch Täler und Wälder.

Unterwegs begegneten ihr der Hase, der Bär und das wilde Borstenschwein. Sie wollten die dicke Kartoffel gleich roh auffressen.

Aber sie rief immer:

„Ich bin die knubbeldicke Kartoffelkönigin.
Wer mich essen darf, bestimme ICH!“

und rannte weiter bis ins nächste Dorf.

S. 182 Textwerkstatt

Dort kamen gerade die Kinder aus der Schule und als sie die tolle Knolle sahen, liefen sie hinter ihr her und wollten sie fangen.

Anna hätte gerne Püree aus ihr gemacht, Jan Pommes, Marie Reibekuchen und Peter Pellkartoffeln.

Aber schwuppdiwupp! entwischte sie allen Kindern und rief jedes Mal:

„Ich bin die knubbeldicke Kartoffelkönigin.
Wer mich essen darf, bestimme ICH!"

und rannte weiter, immer weiter – bis zu einem Häuschen am Waldrand.

Dort wohnte ein armer Holzfäller mit sieben Kindern. Als die Kinder die Riesenknolle sahen, schrien sie: „Halt, komm zu uns, wir haben den ganzen Tag noch nichts gegessen, und du wärst gerade recht für uns alle!"

Da kullerte die Kartoffelkönigin in die Küche und sprang schwuppdiwupp! direkt in den leeren Korb neben dem Herd. Die Mutter holte die Pfanne hervor, machte knusprige Bratkartoffeln, und wirklich – alle wurden satt.

Marlis Arnold

⊙ Hör-CD – Hör genau:
Warum lässt sich die Kartoffelkönigin von den Kindern essen?

www.freizeit

Martin

Martin ist Eishockeyspieler. Er fährt dreimal in der Woche zum Training, und an jedem Samstag ist ein Meisterschaftsspiel. Manchmal ist ihm das zu viel, er ist ja erst acht Jahre alt. Aber sie liegen in der Meisterschaft auf dem zweiten Platz und wollen unbedingt Erste werden. Also lässt er kein Training aus.

Heute muss Martin sich beeilen, damit er nicht zu spät kommt. Aber er kann die große Sporttasche nicht finden. Schließlich zieht er seine Eishockey-Ausrüstung gleich an. „Dann muss ich mich nachher nicht mehr umziehen“, denkt er zufrieden und stapft aus der Wohnung.

Mit dem Brustpanzer für den Oberkörper, dem Unterleibsschutz, der gepolsterten Torwarthose, den Schonern für die Beine, den verschiedenen Handschuhen, auf dem Kopf die Torwartmaske, Schlittschuhe und Schläger über der Schulter. Er sieht unglaublich komisch aus. Dick und rund wie das Reifenmännchen aus der Werbung.

Auf dem Eis macht das nichts. Aber es ist ziemlich schwierig, so zu gehen. Im Treppenhaus muss er sich am Geländer festhalten, um nicht die Stufen hinunterzustolpern. Als ihn die alte Frau Lore erblickt, reißt sie die Arme hoch und ruft erschrocken: „Zu Hilfe! Ein Außerirdischer!" Martin rettet sie, indem er sagt: „Aber Frau Lore, das bin doch ich, der Martin."

Text: Bruno Blume / Bilder: Jacky Gleich

Himmel und Hölle

So geht's:

Das Startfeld ist die „Erde“.
Hüpfe mit geschlossenen Beinen
in die Felder 1, 2, 3, 6 und 9.
Hüpfe mit gegrätschten Beinen
in die Felder 4 und 5, 7 und 8.
Springe über die „Hölle“ in den „Himmel“.
Dort darfst du dich kurz ausruhen.
Hüpfe dann genauso zur „Erde“ zurück.

So kannst du die nächsten Runden hüpfen:

Hüpfe mit gekreuzten Beinen.
Hüpfe nur auf einem Bein.
Profis hüpfen mit geschlossenen Augen.

Wenn du auf eine Linie trittst oder ein Feld auslässt,
darf ein anderes Kind hüpfen.

Hüpfkästchen in Italien

Hüpfkästchen in den USA

S. 184 Textwerkstatt

Pippi ist ein Sachensucher

„Was sollen wir machen?“, fragte Thomas. „Was ihr machen wollt, weiß ich nicht“, sagte Pippi. „Aber ich werde nicht auf der faulen Haut liegen. Ich bin nämlich ein Sachensucher, und da hat man niemals eine freie Stunde.“ „Was hast du gesagt, was du bist?“, fragte Annika. „Ein Sachensucher.“ „Was ist das?“, fragte Thomas. „Jemand, der Sachen findet, wisst ihr. Was soll es anderes sein?“, sagte Pippi. „Die ganze Welt ist voll von Sachen und es ist wirklich notwendig, dass jemand sie findet. Und das gerade, das tun die Sachensucher.“

„Was sind denn das für Sachen?“, fragte Annika. „Ach, alles Mögliche“, sagte Pippi. „Goldklumpen und Straußenfedern und Knallbonbons und kleine Schraubenmuttern und all so was.“

Thomas und Annika fanden, dass es ganz nett klang, und wollten auch gern Sachensucher werden.

Text: Astrid Lindgren / Bilder: Katrin Engelking

KV 47

⊙ Hör-CD – Hör genau: Welche Sachen hat Pippi schon gefunden?

Lange Lange Lange Langeweile

Also, manchmal, da langweile ich mich
und weiß überhaupt gar nichts mit mir anzufangen
und gehe durchs Haus und tue so, als sei ich schwer verwundet,
und ich schleppe mich zur Mama und sie bügelt,
und ich frage sie, ob sie eine Idee hat, was ich mal machen könnte,
und sie schlägt mir was vor,
zum Beispiel ein Raumschiff bauen
– aber dazu habe ich keine Lust –
oder etwas Schönes für die Mama malen
– aber dazu habe ich keine Lust –
oder nach draußen gehen oder den Tobi besuchen
– aber dazu habe ich keine Lust –
oder später mit ihr einen Kuchen backen
– aber dazu habe ich keine Lust –
oder die Therese fragen, ob sie etwas mit mir spielt
– aber dazu habe ich keine Lust –
oder einfach mal mein Zimmer aufräumen
– aber dazu habe ich doppelt keine Lust –
und dann sagt sie, tja, dann hätte sie auch keine Idee,
und bügelt weiter und alles ist sooooo langweilig

und ich schleppe mich zu Ben, das ist unser Hund, und ich glaube, ihm ist auch schrecklich langweilig, und weil uns beiden gar nichts einfällt, was wir machen könnten, legen wir uns in den Sonnenstrahl ins Wohnzimmer und schlafen ein, und wenn ich wieder aufwache, fällt mir sofort ein, was ich machen könnte.

Jan Weiler

Vor Müdigkeit umfallen

atemlos
erhitzt
erschöpft
nach einem reichen,
langen, langen Tag,
der viel zu kurz war.

Hans Manz

Die Sache mit den Superhelden

Also, Wolle und Micki und ich haben einen Klub. Der Klub heißt „Die Besten“. Weil wir drei die besten Freunde sind.

Wir treffen uns immer im Schuppen in meinem Garten. Im Schuppen kann man gut geheime Sachen machen. Zum Beispiel kann man Comics lesen.

Comics sind superklasse! Besonders die mit Superhelden. Zack! springt Gigaman vom Hochhaus, und Boing! gibt er dem Verbrecher eins auf die Mütze. Und Zing! guckt Starman mit seinen Sternenaugen durch alle Mauern.

Im Comicladen haben wir nachgesehen, ob es neue Gigaman-Comics gibt. Der Mann, dem der Laden gehört, ist immer schlecht gelaunt. Wir nennen ihn den Grimmigen. Und er hat ein Geheimnis. Da gibt es nämlich im Laden eine Tür. Auf der klebt ein Riesenschild: „Eintritt verboten!!!“.

Am nächsten Tag haben wir uns vor dem Laden auf die Lauer gelegt. Wir haben ewig gewartet. Bis der Pizzabote gekommen ist. Der hat dem Grimmigen drei Schachteln mit Pizza gebracht.

Der Grimmige ist mit den Schachteln zur Geheimtür hin. Wusch! ist er ins Zimmer reingehuscht. Aber wir haben trotzdem etwas gesehen. In dem Zimmer waren Leute drin!

„Mann!“, hat Micki gesagt. „Der hat die Superhelden in seinem Zimmer! An der Decke hat jemand Grünes geklebt. Geckogirl!“ Wolle hat ihn ausgelacht.

S. 178 Textwerkstatt

Die beiden haben angefangen, sich zu boxen. Als sie fertig waren, haben wir nachgedacht. Und dann haben wir einen Brief geschrieben.

Hallo Superhelden,
wir haben euch gesehen.
Falls ihr echt seid,
kommt in unseren Schuppen.
Wir lieben Superhelden.
Viele Grüße
Die Besten

Wir haben überlegt, wie wir den Brief in das Geheimzimmer reinbekommen.
„Ich schieb ihn unter der Tür durch“, hat Micki gesagt. „Und ihr lenkt den Grimmigen ab.“

Und dann haben wir im Schuppen gewartet.
Plötzlich hat es an der Tür geklopft.
Und da standen sie: Gigaman und Starman und Geckogirl.
„Ihr seid nicht echt, oder?“, hat Wolle gepiepst.
Da hat Geckogirl gelacht und ist die Wand hochgeklettert.

Danach ist Gigaman rausgegangen und ganz lässig über den Schuppen gesprungen.
Und Starman hat mit seinen Röntgenaugen in unsere Jackentaschen geguckt und alles gesehen, was wir drinhatten.

Text: Sylvia Heinlein / Bilder: Sabine Wiemers

Welche Comics mögt ihr?

⊙ Hör-CD – Hör genau:
Wie kann diese Geschichte weitergehen?

Maus

„Klack-Klack, schnüff-schnüff!" Sie ist orange, hat große Augen und sechs Barthaare. Die Maus ist keine normale Maus. Als Trickfigur kann sie Dinge tun, die keine andere Maus kann. Sie benutzt ihre Barthaare als Propeller. Sie kann ihren Schwanz abnehmen und verwendet ihn dann als Korkenzieher, als Kabel oder als Drachenschnur. Auf der Internetseite www.wdrmaus.de kannst du dir einige Lach- und Sachgeschichten ansehen.

Elefant und Ente

Das sind die Freunde der Maus. Für den Elefanten hat die Maus ein Gedicht geschrieben:

Elefantabet

D rollig
E norm verspielt
R und wie ein Fußball

E hrlich
L iebenswürdig
E cht hilfsbereit
F ürchterlich stark
A ber fast immer müde
N eugierig und schlau
T rötet und trampelt ganz schön

Jetzt fehlt noch ein Mausabet.

S. 186 Textwerkstatt

Das Brausepulver-Experiment

Ihr braucht:

- eine Flasche mit Wasser
- einen Luftballon
- eine Tüte Brausepulver

Das Experiment:

Füllt eine Flasche mit Wasser
und schüttet das Brausepulver hinein.
Dann stülpt ganz schnell einen Ballon
über die Flaschenöffnung.
Der Ballon bläst sich auf.

Die Erklärung:

Das Brausepulver reagiert mit dem Wasser.
Dabei entsteht das Gas Kohlendioxid.
Da Gas leichter als Wasser ist,
steigt es nach oben. Es kann nur
in den übergestülpten Ballon entweichen.
Dadurch wird der Ballon aufgeblasen.

Anleitungen für Experimente findet ihr in Kinderzeitschriften oder auf Kinderseiten im Internet.

Interview mit Fatmire „Lira“ Bajramaj

Madita und Marie sind Kinderreporter.
Sie haben die Fragen gestellt.

Madita: Du bist Weltmeisterin mit der Nationalmannschaft der Frauen geworden. Wie war das für dich?

Lira: Das war super. Als wir gewonnen haben und ich den Pokal in der Hand hatte, war das einfach ein unbeschreibliches Gefühl.

Marie: Du wolltest als Kind schon Fußball spielen. Dein Vater war aber dagegen. Warum?

Lira: Weil ich das einzige Mädchen in unserer Familie bin. Ich hab zwei Brüder. Und mein Vater wollte einfach, dass ich tanzen gehe, singe, Kleider anziehe. Aber ich wollte Fußballschuhe anziehen und mit den Jungs spielen.

Madita: Als Kind hast du dann heimlich gespielt.

Lira: Ja, mein Vater hat mich erwischt und war total sauer, weil ich ihn angelogen hatte. Ich dachte: „Oh, jetzt kommt Hausarrest, ich darf nicht mehr Fußball spielen.“ Aber irgendwann hat er gesagt: „Okay, mach weiter. Du bist ja eine gute Spielerin.“

Marie: Du bist ja heute super erfolgreich. Wie sehen das deine Eltern heute?

Lira: Meine Eltern sind sehr stolz auf mich.

Name:
Fatmire Bajramaj

Geburtstag:
1. April 1988

Geburtsort:
Gjurakovc, Kosovo

Spitzname:
Lira

Position:
Mittelfeld

Wann haben die deutschen Frauen die WM gewonnen?

S. 184 Textwerkstatt

Der zwölfte Mann

Wir laufen auf das Feld.
Papa hält mich kurz an.
„Ich bin der zwölfte Mann“, sagt er.
„Ich schrei dich ganz nach oben.“

Aber ich will nicht ganz oben sein.
Ich will einfach nur auf dem Spielfeld sein.

Der Schiedsrichter pfeift. Das Spiel fängt an.
Der Ball rollt vor meine Füße.
„Lauf nach links und dann nach vorn!“,
höre ich Papa schreien.
Ich gebe dem Ball einen kräftigen Tritt.
Das Leder trifft das Netz von der Seite.
„Falscher Fuß!“, schreit Papa.
Lukas rennt zu mir rüber.
„Ist das dein Papa, der da so brüllt?“
Ich nicke.
Nur die Mama von Jens ist noch schlimmer.
Mit giftigen Worten keift sie den Schiedsrichter an.

„Die rechte Seite ist frei“, ruft der zwölfte Mann.
Schnell, schnell!
Ich renne aufs Tor zu. Ich schieße.
Der Ball ist drin. Ich höre es an Papa.

Text: Hilde Vandermeeren / Bilder: Marjolein Pottie

Frühling

Das Apfelmännchen

Es war einmal ein armer Mann,
der hatte einen Apfelbaum.
Die Blätter des Baumes waren leuchtend grün,
und unter seiner Rinde saß kein einziger Wurm.
Dennoch trug der Baum nie eine Blüte
und nie einen Apfel!

Wenn der Frühling ins Land kam,
schaute der arme Mann traurig
über den Nachbarzaun.
Die Bäume der anderen Leute
blühten wunderbar.
Hunderttausend zarte Blüten
schimmerten in der Sonne.
Sein Baum aber
trug keine einzige Blüte.

S. 191 Textwerkstatt

KV 53+54

Der arme Mann war deswegen traurig.
Und wenn er abends im Bett lag,
dachte er darüber nach und wünschte sich
nur einen einzigen Apfel an seinem Baum.
Er braucht gar nicht so schön sein,
dachte er im Stillen.

Und da kam, was kommen musste:
In einer Nacht im Frühling
spross an dem Apfelbaum
eine wunderbare weiße Blüte.

Als der Mann morgens aufwachte
und die Blüte sah,
glänzten seine Augen vor Freude.
Er tanzte um seinen Baum,
und er bewachte die Blüte Tag und Nacht.
Sie sollte nicht zu viel Regen bekommen,
aber auch nicht zu wenig.
Schien die Sonne zu heiß,
machte er der Blüte
mit der Hand Schatten.

Im Sommer wurde aus der Blüte
ein kleiner Apfel.
Der arme Mann freute sich.
Seine Wangen waren rot und
seine Augen klar wie der Sommerhimmel.
Das war eine herrliche Zeit!

Text und Bilder: Janosch

März

Es kommt eine Zeit,
da nimmt's ein böses Ende
mit dem Schneemann.

Er verliert seinen schwarzen Hut,
er verliert seine rote Nase,
und der Besen fällt ihm
aus der Hand.
Kleiner wird er von Tag zu Tag.
Neben ihm wächst ein Grün
und noch ein Grün
und noch ein Grün.

Elisabeth Borchers

Bauernregel

Legt zu Ostern ein Hase ein Ei,
half sicher ihm ein Huhn dabei.

Alfons Schweiggert

Neue Bauernregel

Gibt's im April
noch Eis und Schnee,
tut das den Sommerreifen weh!

Christine Nöstlinger

KV 55
⊙ Hör-CD – Hör genau: Was passiert dem Schneemann im März?

Dieses Haus

hat keine Ecken
Ist was Gutes drin
lass es dir schmecken
Steigt heraus ein Kikeriki
hast du Musik
um vier in der Früh

Josef Guggenmos

Eiersuche

WO? WO? WO? WO? WO? WO? WO? WO?
WO? WO? WO? WO? WO? WO? WO? WO?
WO? EI! WO? WO? WO? WO? WO? WO?
WO? WO? WO? WO? WO? WO? WO? WO?
WO? WO? WO? WO? WO? WO? WO? WO?
WO? WO? WO? WO? WO? WO? WO? WO?
WO? WO? WO? WO? WO? WO? WO? WO?
WO? WO? WO? EI! WO? WO? WO? WO?
WO? WO? WO? WO? WO? WO? WO? WO?
WO? WO? WO? WO? WO? WO? WO? WO?
WO? EI! WO? WO? WO? WO? WO? WO?
WO? WO? WO? WO? WO? WO? EI! WO?
WO? WO? WO? WO? WO? WO? WO? WO?
WO? WO? WO? WO? WO? WO? WO? WO?
WO? WO? WO? WO? WO? WO? WO? WO?

Erna Hattendorf

Im Eigelb steckt der Igel

Karlhans Frank

In der Osterglocke steckt die …
In den Verstecken steckt die …
Im Osternest steckt der …

Erna Hattendorf

Nicht sehr häufig rasen Hennen,
öfter sieht man Hasen rennen.

Paul Maar

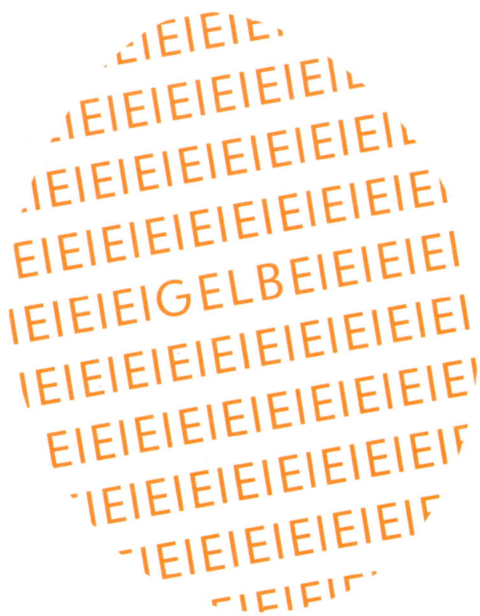

Wo versteckst du ein Wort?

Textwerkstatt S. 174

Zehn kleine Osterhasen

Spielstück für 5 Erzähler, 5 Erzählerinnen und 10 Hasen

1. Erzähler: Zehn kleine Osterhasen
liefen durch den Klee.

1. Hase: Für heute habe ich genug.
Mir tun die Beine weh.

1. Erzählerin: Neun kleine Osterhasen
rührten Farbe an.

2. Hase: Da fiel ich in den Farbentopf.
Ich bin Sebastian.

2. Erzähler: Acht kleine Osterhasen
färbten Ei um Ei.

3. Hase: Ich bin der Kleinste und bin müd,
ohwei, ohwei, ohwei.

2. Erzählerin: Sieben kleine Osterhasen
malten noch so gern.

4. Hase: Da hau ich ab, ich hab genug
und schaue lieber fern.

3. Erzähler: Sechs kleine Osterhasen
aßen zu viel Kohl.

5. Hase: Ich muss aufs Klo, ich fühle mich
nicht ganz so richtig wohl.

3. Erzählerin: Fünf kleine Osterhasen
malten lange schon.

S. 187 Textwerkstatt

6. Hase: Habt ihr das Läuten nicht gehört?
Ich muss ans Telefon.

4. Erzähler: Vier kleine Osterhasen
plagten sich so sehr.

7. Hase: Nun ist die Zeitung endlich da.
Da hält mich keiner mehr.

4. Erzählerin: Drei kleine Osterhasen
tranken Tee mit Rum.

8. Hase: Ich mache schlapp. Ich kann nicht mehr.
Ich falle leider um.

5. Erzähler: Zwei kleine Osterhasen
schafften so wie zehn.

9. Hase: Mir fallen schon die Augen zu.
Ich muss jetzt schlafen gehn.

5. Erzählerin: Ein kleiner Osterhase
hatte Riesenstress.

10. Hase: In höchster Not, an alle ging,
gleich eine SMS.

Alle Erzählerinnen und Erzähler:
Neun kleine Osterhasen
liefen schnell herbei,
und es malten alle zehn
wieder Ei um Ei.

Bernhard Lins

Wer kann das singen?

⊙ Hör-CD – Hör genau:
Übt das Lied. Erfindet eigene Strophen.

Ostern in Italien

Die Friedenstaube *Colomba della pace** ist das italienische Ostersymbol. Außerdem ist das ein leckeres Gebäck, das die Form einer Taube hat.

Die Kinder in Norditalien bekommen ein großes Schokoladenei, in dem sich eine Überraschung verbirgt.

In anderen Gegenden Italiens schreiben die Kinder den Eltern einen Brief, in dem sie versprechen, brav zu sein. Sie verstecken ihn unter dem Teller des Vaters, damit er ihn am Ostersonntag vorlesen kann. Jetzt bekommen die Kinder von den Erwachsenen kleine Geldgeschenke. Die Kinder freuen sich auf Ostern und basteln zum Beispiel Mobiles mit Papiertauben.

Osterspiele

Beim Eierwerfen stehen sich die Spieler in zwei Reihen gegenüber. Immer zwei spielen miteinander und müssen sich ein rohes (!) Ei zuwerfen. Mit jedem Wurf vergrößern die Kinder den Abstand zwischen den Reihen. Das Paar, dessen Ei nicht zerbricht, gewinnt.

Petra Hirscher

*sprich: paatsche

Colomba della pace

Du brauchst:

1 Blatt festes, weißes Papier (160g), Stifte, Schere,
1 Blatt normales, weißes Papier (80g), Klebestift, Bindfaden

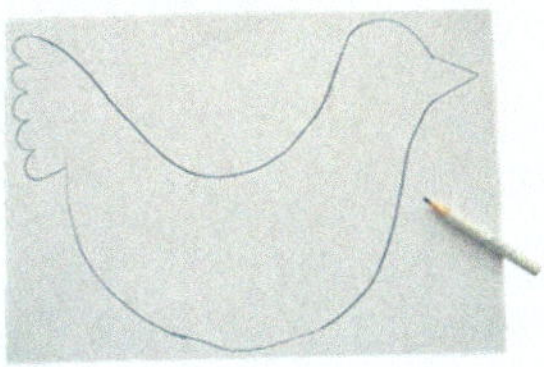

1. Zeichne den Umriss einer Taube auf das feste Papier.

2. Schneide die Taube aus.

3. Falte das andere Papier zu einer Ziehharmonika.

4. Schneide einen Schlitz in die Mitte der Taube.

5. Schiebe das gefaltete Papier durch den Schlitz.

6. Klebe die beiden oberen Flügel-Kanten mit Klebestift zusammen.

7. Befestige einen Bindfaden zum Aufhängen oben an den Flügeln.

8. Schneide den Schnabel ein und stecke einen Ostergruß darin fest.

Das schönste Ei der Welt

Es waren einmal drei Hühner – Pünktchen, Latte und Feder, die stritten sich, wer die Schönste von ihnen sei.

Pünktchen besaß das schönste Kleid. Latte hatte die schönsten Beine. Und Feder trug den schönsten Kamm. Weil sie sich nicht einigen konnten, beschlossen sie, den König um Rat zu fragen. „Es kommt auf die inneren Werte an", sagte der König. „Wer das schönste Ei legt, soll gewinnen und Prinzessin werden."

Er ging hinaus in den Park und alle Hühner seines Königreiches folgten ihm.

Pünktchen fing als Erste an zu gackern. Vorsichtig hockte sie sich mit ihrem schönen Kleid ins nasse Gras. Es dauerte nicht lange, da erhob sie sich und trat zur Seite. Alle waren sprachlos. So etwas hatten sie noch nie gesehen: Vor ihnen lag ein schneeweißes, makelloses Hühnerei, ohne jede Druckstelle, mit einer Schale wie polierter Marmor. „Vollkommener geht es nicht!", rief der König – und alle, alle nickten.

Als Latte zu gackern begann, bedauerten sie alle. Ein vollkommeneres Ei konnte man nicht legen, das war unmöglich. Aber nach zehn Minuten erhob Latte sich erleichtert, und ihr Kamm leuchtete in der Morgensonne. Der König klatschte vor lauter Freude in die Hände: Vor ihm lag ein Hühnerei, so groß und schwer, dass selbst ein Vogel Strauß neidisch geworden wäre. „Größer geht es nicht!", rief der König – und alle, alle nickten.

S. 186 Textwerkstatt

Während sie noch nickten, hockte sich Feder hin. Alle bedauerten sie sehr, denn ein vollkommeneres oder ein größeres Ei konnte sie nicht legen. Das war undenkbar. Feder gackerte kaum. Es war ihre Art: Bescheiden, mit niedergeschlagenen Augen saß sie da. Dann stand sie auf. Vor ihnen lag ein viereckiges Hühnerei, von dem man in hundert Jahren noch erzählen wird. Die Kanten waren wie mit dem Lineal gezogen, jede Fläche leuchtete in einer anderen Farbe. „Fantastischer geht es nicht!“, rief der König – und alle, alle nickten.

Es war unmöglich zu sagen, welches Ei das schönste war. Auch der König wusste es nicht. So kam es, dass alle drei Prinzessin wurden: Pünktchen, Latte und Feder. Und wenn sie nicht gestorben sind, dann legen sie noch heute.

Helme Heine

⊙ Hör-CD – Hör genau:
Welches Huhn legt welches Ei?

Die jungen Amseln

Im Frühling wird ein Nest gebaut, gut geschützt in einer Hecke oder in einem Baum. Das Nest wird ausgepolstert mit Moos und weichen Gräsern.

Ist es fertig, legt die Amsel die Eier ins Nest. Das können vier oder auch mehr zartgrüne Eier sein.

Dann beginnt die Amsel zu brüten. Sie hockt sich in das Nest und wärmt die Eier.

Nach vierzehn Tagen ist es so weit: Die jungen Amseln schlüpfen aus den Eiern. Sie haben noch geschlossene Augen und sind ganz nackt. Noch zwei Wochen lang müssen sie gut gewärmt werden.

Jetzt müssen die Eltern ständig Futter herantragen: Insekten, Spinnen, Würmer, Schnecken, aber auch Beeren und Früchte. Die Amselkinder sperren weit die Schnäbel auf!

Und eines Tages wollen sie das Nest verlassen. Sie sind flügge geworden. Das Fliegen ist anfangs gar nicht einfach.

Und noch lange folgen die jungen Amseln den Eltern und betteln um Futter.

Amseln gibt es bei uns überall. Sie werden auch Schwarzdrosseln genannt.

Waltraut Schmidt und Christine Adrian

S. 179 Textwerkstatt

Gedichte für dich

Ein langes Gedicht,
das merk ich mir nicht.
Drum sag ich nicht mehr
als: Ich liebe dich sehr!

Unbekannter Verfasser

Ausrufezeichen.
Herz daneben.
Dich vergess ich
nie im Leben.

Frantz Wittkamp

Ich liebe dich so fest
wie der Baum seine Äst,
wie der Himmel seine Stern,
so hab ich dich gern.

Volksgut

Ich freue mich, wenn ich dich seh,
ich finde dich so nett,
ich schenke dir mein H und E,
mein R und auch mein Z.

Frantz Wittkamp

I love pink
I love blue
But best of all
I love you.

Für Spürnasen

Detektiv John Chatterton

Text und Bilder:
Yvan Pommaux

Das ABC im Rückwärtsgang

Kennst du das
ZYX?
Für den Könner
ist das nix.

WVU,
TSRQ.
Siehst du wohl,
das geht im Nu.

PONM,
LKJI.
Aufgepasst!
Das schadet nie.

Noch mal Gas,
dann sind wir da:
HGFE,
DCBA.

Josef Guggenmos

Aus A wird Z …

A	Z
B	Y
C	X
D	W
E	V
F	U
G	T
H	S
I	R
J	Q
K	P
L	O
M	N
N	M
O	L
P	K
Q	J
R	I
S	H
T	G
U	F
V	E
W	D
X	C
Y	B
Z	A

S. 182 Textwerkstatt
Lösung S. 207

Simsalabim …

…und Sumsalabum,
jetzt wandeln wir die Wörter um.
Vertauscht man a, e, i, o, u,
dann geht es wie beim Zaubern zu:
Die Hand wird zum Hund,
der Mond wird zum Mund,
der Riese zur Rose,
der Hase zur – –,
die Jacken jucken,
die Zacken – –,
Nacken nicken,
Stecken – –,
Seifen saufen,
Reifen – –,
Spatz wird Spitz,
Katz wird – –,
und Nuss wird nass …
das macht Spaß.

Irmela Brender

Die rote Socke

Ein rundlicher Mann mit kahlem Haupt und Schnauzbart eilt die breite Treppe des Hotels hinauf. Er schnauft wie ein Walross. Das Walross ist kein anderer als der berühmte Kommissar Isidor Kugelblitz!

Wieder einmal kommt er im letzten Augenblick und doch gerade richtig: Die Gäste begeben sich soeben zu den festlich gedeckten Tischen im Goldenen Saal. Als Tischdame ist ihm eine Komtess zugedacht, die er in einer Wolke von Parfüm auf ihren Platz führt.

Kugelblitz studiert das Menü auf der Speisekarte. Das Wasser läuft ihm im Munde zusammen.

„Hm, ‚Eisbombe', ‚flambiert'. Wie das klingt!“, murmelt Kugelblitz. „Pardon?*“, fragt die Komtess, was auf Deutsch so viel heißt wie: „Was haben Sie eben gesagt?“

Aber da wird die Unterhaltung unterbrochen, weil die Vorspeise serviert wird. Eine Festsuppe. Vom Küchenchef eigens für diesen Tag komponiert! Sie wird von vier jungen Köchen auf einem silbernen Tablett hereingetragen.

Der Küchenchef senkt die Kelle in die Terrine und bedient die Ehrengäste zuerst. Als er den Teller des Ersten Staatssekretärs füllt, rutscht eine Socke vom Löffel. Eine feuerrote Socke!

Peinliches Schweigen im Saal. Selbst die Musik verstummt. Die Komtess fällt in Ohnmacht. Der Chefkoch rennt schreiend in die Küche. Kugelblitz zögert einen Augenblick, ob er sich der Komtess widmen soll oder dem Koch.

Er entscheidet sich für den Tatort:

Kugelblitz geht in die Küche.

*sprich: Pardong

S. 179 Textwerkstatt
Lösung S. 207

Dort sieht er sich aufmerksam um.

Es dauert nur wenige Sekunden, dann hat er entdeckt, woher die Socke stammt.

Nachdem dieser Fall geklärt ist, geht Kugelblitz in den Goldenen Saal zurück.

Dort erwacht die Komtess gerade aus der Ohnmacht. Kugelblitz erklärt ihr nun auf Französisch, dass er sich, Socke hin, Socke her, trotzdem unheimlich auf den Nachtisch freut.

Text: Ursel Scheffler
Bild: Hannes Gerber

Was in der Suppe zuviel ist, das fehlt woanders.

⊙ Hör-CD – Hör genau:
Wer nur den roten Text gelesen hat, hört die Geschichte ganz.

Leo und Lucy – Privatdetektive

Leo & Co – Privatdetektive
Wir lösen die schwierigsten Fälle
– schnell und sauber
Elsastraße 24, Hinterhaus, 1. Stock

Leo und ich hören jemanden die Treppe heraufstapfen. Den Schritt kennen wir. „Das ist Fräulein Flora", sagt Leo. Wir nennen sie alle nur „Fräulein Flora". Wenn sie Dummheiten macht, sagt ihr Vater nämlich jedes Mal: „So nicht, mein Fräulein."

Flora lässt sich auf den Stuhl fallen. „Mein Vater hat mit mir geschimpft", schluchzt Fräulein Flora. „Er hat zu Mittag drei Buletten gebraten. Eine habe ich gegessen, eine hat er gegessen, und die dritte hat er für meine Mutter in der Pfanne gelassen. Die Pfanne habe ich in die Herdschublade gestellt." Leo gähnt. „Eben hat er die Pfanne rausgeholt. Er wollte die Bulette für meine Mutter warm machen", erzählt Fräulein Flora weiter. Jetzt gähne ich auch. „Aber sie war weg!" Fräulein Flora schnieft. Leo und ich sehen uns an. „Du bist wirklich zu verfressen", sagt Leo. „Ich war's nicht!", brüllt Fräulein Flora. „Die Bulette ist einfach verschwunden. Aber keiner glaubt mir."

Lösung S. 207

Als wir in die Küche von Fräulein Flora gehen, streicht uns Tschin-Tschin um die Beine. Tschin-Tschin ist Fräulein Floras Katze und sehr dünn. „Vielleicht war's die Katze", sage ich. „Guck mal, hier sind Pfotenabdrücke. Sie sind ganz fettig." Leo schüttelt den Kopf. „Das sind Vermutungen. Ich brauche Beweise." Er klappt seinen Notizblock zu. „Ich gehe jetzt zurück ins Büro und werde den Fall mithilfe meiner grauen Zellen lösen."

Tschin-Tschin streicht um meine Beine und schnurrt. Ich bücke mich, um sie zu streicheln. Ihr Fell ist ganz staubig. Komisch, dabei ist Tschin-Tschin sonst so sauber. Dann bücke ich mich und fasse in den Spalt zwischen Herd und Kühlschrank. Er ist nicht breit, mein Arm passt gerade hinein. Ich ziehe die Herdschublade auf und spähe hinein. „Die ist ja hinten offen!" „Na und, so einen kleinen Einbrecher gibt's nicht, der da durchpasst", sagt Fräulein Flora. „Vielleicht doch."

Sabine Ludwig

Leo oder Lucy, wer löst den Fall?

Was ist das rätselhafte Ding?

Sieben blinde Mäuse entdeckten etwas Seltsames in der Nähe ihres Teiches. „Was ist das?“, riefen sie überrascht und rannten nach Hause.

Als Erste lief die rote Maus hinaus, um das Geheimnis zu lüften. „Das ist eine Säule“, sagte sie.

Die zweite Maus zog aus. Sie war grün. „Das ist eine Schlange“, sagte sie.

„Nein“, sagte die gelbe Maus. „Das ist ein Speer.“ Sie war die Dritte an der Reihe.

Die vierte Maus war lila. Sie lief hinaus. „Das ist eine große Klippe“, sagte sie.

Die fünfte Maus machte sich auf den Weg. Sie war orange. „Das ist ein Fächer!“, rief sie.

Die blaue Maus zog als Sechste aus. Sie sagte: „Das ist nur ein Seil.“

Aber die anderen waren nicht ihrer Meinung. Sie begannen sich zu streiten.

Bis die weiße Maus, die siebente Maus, zum Teich ging. Als sie zu dem seltsamen Ding kam, lief sie an einer Seite hinauf und an der anderen Seite hinunter. Sie lief von einem Ende zum anderen. „Ah!“, sagte die weiße Maus. „Jetzt verstehe ich. Es ist …“

Ed Young

Was leuchtet in jedem Bild?

1 bis 10 ergibt das Lösungswort.

Hans Jürgen Press

Lösung S. 207

Meister im Tarnen

Was meinst du? Was machen diese Raupen nach?

Diese Raupe ist ganz glatt und grün. Die Seiten der Raupe sind so weit übergestülpt, dass man die Beine gar nicht mehr sehen kann. Die Raupe ahmt eine Baumfrucht nach. Wo da wohl vorne und hinten ist?

Auf diesem Bild ist auch eine Raupe zu sehen. Ganz klar, was sie nachahmt: ein Stöckchen.

Hat da ein Vogel einen Haufen fallen lassen? Nein – das ist die täuschend echt getarnte Raupe des Königsschwalbenschwanzes!

Text: Monika Lange / Fotos: Ingo Arndt

Viele rote Sachen sind in diesem Kapitel versteckt. Wer hat sie alle entdeckt?

Natur entdecken: Pflanzen

Ritter Rüstig & Ritter Rostig

Ritter Rüstig und seine Frau Amarone leben in Freundschaft mit ihren Nachbarn Ritter Rostig und seiner Frau Salbadrine.

Eines Tages, als Frau Amarone die Hühner fütterte, entdeckte sie etwas. Es wuchs dort, wo früher die große Mauer zwischen den Burgen gestanden hatte.

Ganz ohne Zweifel, es war etwas Besonderes! Die Pflanze wuchs und wuchs. Einen Meter, zwei, drei, vier, viereinhalb, fünf Meter!

„Oooooooooh!" sagten alle – denn jetzt entfaltete sie eine wunderschöne Blüte.

Am Morgen neigte sich die Blüte der Burg von Rüstigs entgegen. Am Abend senkte sie ihr Haupt der Burg von Rostigs zu.

Das war ein Glück! Jeden Tag trafen sie sich unter der Blume.

S. 191 Textwerkstatt

Aber eines Nachts konnte
Frau Amarone nicht schlafen
und weckte Rüstig.
„Eigentlich ist es meine Blume.
Ich hab sie als Erste entdeckt.
Sie sollte **immer** zu uns schauen.
Findest du nicht auch?“
„Allerdings“, sagte Rüstig.

In der nächsten Nacht
war es Salbadrine,
die nicht schlafen konnte.
„Wenn ich sie nicht gegossen hätte,
wäre die Blume nie so groß
geworden.
Sie sollte **immer** zu uns schauen.
Findest du nicht auch?“
„Allerdings“, rief Rostig.
Da war aber was los
am nächsten Morgen!
Rüstig ergriff den Stiel,
Rostig zog an der Wurzel,
Amarone packte die Blätter,
Salbadrine zerrte am Seil,
dann hörten alle ein klagendes
Aaaaach –
und die Blume zerbrach.

Text und Bilder:
Binette Schroeder

Was ist eine Wiese?

Was ist eine Wiese?
Futter für die Kuh.
Und noch was dazu.
Gras und Blumen.
Schmetterlingsgeflügel.
Bienensummen.
Ameisengekrabbel. Käfergezappel.
Achtung! Maulwurfshügel!
Margeriten.
Rote Federnelken vor dem blauen Himmel.
Heupferd übt den Weitsprung bis zum Kümmel.
Ein Kamillenbusch öffnet
zwei Blüten.
Sommerfliegen flitzen
über Storchenschnabelmützen.
Hummeln brummeln im Honighaus
ein und aus.
Glockenblumen baumeln und bummeln.
Unten am Löwenzahn geigt
eine Grillenschnarre. Der Wind
spielt mit den Halmen Harfe
oder Gitarre,
alles regt sich und bewegt sich,
alles, was da lebt und schwebt,
leuchtet, knistert, flüstert,
brummelt, bummelt.
Was ist eine Wiese? –
Das ist eine Wiese.

Friedl Hofbauer

Federball

Hoch am Stängel, weiß und prall
nickt ein runder Federball.
Samenschirmchen dicht
bei dicht,
Löwenzahn Laternen-Licht.

Zupft der Wind
mit losem Finger,
löst die hellen, leichten Dinger.
Schweben Schirmchen überall.
Und der Wind spielt Federball.

Lisa-Marie Blum

Blumenlied

Löwenzahn, sag an, an, an,
ob dein Zahn auch beißen kann.

Fingerhut, ach je, je, je,
reichst der Biene bis zur Zeh.

Glockenblume, kling, kling, kling,
Glöckner ist der Schmetterling.

Mohn im Korn, so rot, rot, rot,
kostbar ist das liebe Brot.

Butterblume, muh, muh, muh,
morgen kommt die schwarze Kuh.

Reiner Kunze

Der Löwenzahn

Dem Löwenzahn zum Ruhme
gibt es die Pusteblume.
Die Pusteblume ist sein Kind.
Wenn ihr nicht pustet,
kommt der Wind
und pustet ihre Sterne.
Sie fliegen in die Ferne,
und wo sie landen, seht's euch an –
da wächst ein neuer Löwenzahn.

Heinz Kahlau

Gewöhnlicher Löwenzahn

botanischer Name: *Taraxacum officinale*

Die kräftige Wurzel, die tief in den Boden hineinwächst, macht den Löwenzahn zu einem gefürchteten Unkraut. Andererseits verschönern seine Blüten im Frühling die Wiesen. Jedes gelbe Blütenblatt ist eigentlich eine vollständige Blüte. Auf dem Köpfchen sitzen 100 bis 200 davon. Jede bringt einen Samen mit Schirmchen hervor. Die Schirmchen bilden einen weißen Flaum (Pusteblume), der vom Wind davongetragen wird.

Lecker!

Die jungen Blätter kann man wie Spinat gekocht oder auch roh essen.

Nicole Bustarret

Vergissmeinnicht

botanischer Name: *Myosotis*

Die zarten, blauen Blumen sind in Gärten zu Hause, aber auch im Wald, auf Äckern und Feldern.

Die vergessliche Blume

Es gibt unterschiedliche Geschichten darüber, wie das Vergissmeinnicht zu seinem Namen kam. Eine Legende erzählt, dass die kleine Blume sich ihren Namen nicht merken konnte. Deswegen gab Gott ihr einen neuen Namen, den die Blume nie vergessen würde: Vergissmeinnicht.

Silke Fokken

S. 180 Textwerkstatt

Scharfer Hahnenfuß

botanischer Name: *Ranunculus acris*

Sicher kennst du die gelben Blüten,
die im Frühsommer auf den Wiesen blühen.
Die fünf gerundeten Blütenblätter
glänzen seidig. Sie verdecken
die fünf kleinen Kelchblätter darunter.

Vorsicht, Gefahr!
Den Hahnenfuß bezeichnet man als „scharf",
weil er sehr bitter ist.
Koste aber nicht davon. Denn er ist sehr giftig.
Kühe wissen das und fressen ihn nicht,
sodass er sich auf den Wiesen immer stärker
ausbreitet.

Die Ranunkel
Der Name Ranunkel kommt vom lateinischen
Wort *ranunculus*, das „kleiner Frosch" bedeutet.
Das passt gut, denn diese Pflanzen gedeihen
besonders gut an feuchten Orten oder
sind Wasserpflanzen.

Nicole Bustarret

Wer hat ein Pflanzen-Lexikon?

Der freundliche Gärtner

Es war einmal ein sehr freundlicher Gärtner. Immer wenn er im Garten arbeitete, sprach er mit den Blumen und Büschen. Eines Abends schaute er zum Mond hinauf und seufzte: „Wenn doch meine Blumen wie Menschen reden könnten."

Am nächsten Morgen wachte der Gärtner auf, weil es draußen furchtbar laut war. Im Garten riefen ihm die Büsche und Bäume laut entgegen: „Wasser! Wasser! Wir haben Durst." „Oje, ich wusste nicht, dass ihr morgens so durstig seid", sagte der Gärtner. Er holte schnell seine Gießkanne. „Ich zuerst!", riefen alle Pflanzen durcheinander. Während der Gärtner hastig die Blumen goss, hörte er lautes Gekreisch vom Blumenbeet. „Hilfe, das Unkraut quält mich!"

Der Gärtner rannte zum Rosenbeet und begann das Unkraut zu jäten. „Au, lass das", rief das Unkraut. Dann gab es einen Streit. „Du wirfst Schatten", schimpfte die Rhabarberpflanze. „Du nimmst meine Nahrung aus dem Boden", schimpfte der Obstbaum zurück.

Als es endlich Abend wurde, schliefen die Pflanzen ein. „Ich glaube, ich möchte lieber alles wie vorher haben", sagte der freundliche Gärtner.

Jan Mogensen

Die Pflanzen-Sprache

Forscher haben herausgefunden, dass manche Pflanzen sich miteinander unterhalten. Sie sprechen aber nicht wie wir Menschen. Sondern sie verständigen sich durch verschiedene Duftstoffe. Man könnte also sagen, sie sprechen mit der Nase.

Pflanzen plappern natürlich nicht über das nächste Fußballspiel oder darüber, wer in wen verliebt ist.

Pflanzen unterhalten sich häufig über Schädlinge, wie Blattläuse, oder über Krankheiten, wie Pilze. Es geht bei ihnen also darum, was ihnen schadet.

Tomaten senden einen Notruf aus, wenn sie zum Beispiel von irgendwelchen Plagegeistern angeknabbert werden. Das funktioniert dann so: Sie senden einen speziellen Duft aus, der genau die Tiere anlockt, welche die Schädlinge auf der Tomate gerne fressen. Schon sind die Tomaten ihr Problem wieder los.

Annabelle Hauk

Textwerkstatt S. 180

Der beste Karlsson der Welt

Karlsson schaute sich erwartungsvoll im Zimmer um. Im selben Augenblick sah er die Tüte auf Lillebrors Tisch. Sie enthielt einen großen, prachtvollen Pfirsich.

„Wir können teilen“, schlug Lillebror schnell vor. Er mochte Pfirsiche nämlich auch gern. „Meinetwegen“, sagte Karlsson. „Wir teilen. Ich nehme den Pfirsich und du die Tüte. Dann kriegst du das Beste. Denn mit einer Tüte kann man den größten Spaß haben.“ „Ach nein, danke“, sagte Lillebror. „Wir teilen den Pfirsich, du kannst dann ruhig die Tüte kriegen.“ Karlsson schüttelte ungehalten den Kopf. „Na ja, wie du willst.“

Lillebror rannte in die Küche, um ein Messer zu holen. Als er damit zurückkam, war Karlsson nicht zu sehen. Aber dann entdeckte Lillebror ihn unter dem Tisch, von wo ein eifriges Schlürfen zu hören war.

„Du, hör mal, was machst du da eigentlich?“, fragte Lillebror aufgeregt. „Ich teile“, entgegnete Karlsson. Der Pfirsichsaft lief ihm am Kinn herunter. Er reichte Lillebror einen schrumpeligen braunen Pfirsichkern. „Ich möchte immer, dass du das Beste kriegst“, sagte er. „Wenn du diesen Kern einpflanzt, dann kriegst du einen ganzen Pfirsichbaum, proppenvoll mit Pfirsichen. Gib zu, dass ich der Netteste der Welt bin.“

Astrid Lindgren

S. 187 Textwerkstatt

Pflanzanleitung

Sonnenblumen-Samen kannst du im April und Mai aussäen. Such dir einen sonnigen und windgeschützten Platz im Garten.

Nimm die Samen vorsichtig aus der Tüte. Säe nun die Samen aus: Drücke dazu die Samen etwa 2 Zentimeter tief in die Erde. Lass zwischen den einzelnen Samenkörnern ungefähr 50 Zentimeter Abstand.

Nach etwa 10–15 Tagen wirst du die ersten Keime wachsen sehen. Von August bis Oktober werden deine Sonnenblumen im Garten blühen.

Du kannst die Samen aber auch erst in einen Blumentopf pflanzen und diesen auf eine sonnige Fensterbank stellen. Wenn die Pflanze vier Blätter hat, kannst du sie in den Garten umpflanzen oder aber im Blumentopf auf dem Balkon weiterwachsen lassen.

Im Herbst kannst du dir aus den Blüten Samenkörner nehmen, die du im nächsten April wieder aussäen kannst.
Viel Spaß!

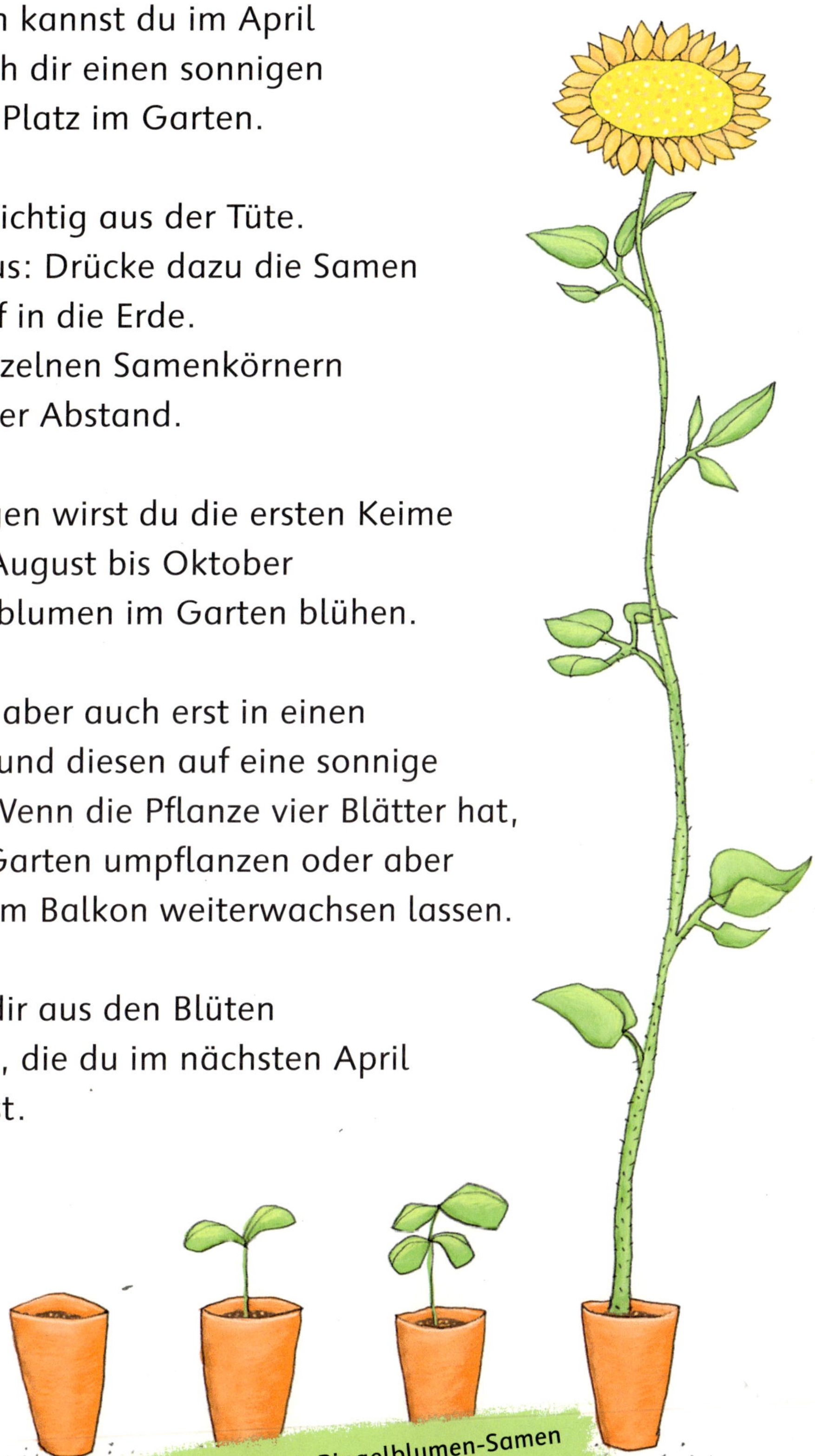

Du kannst auch Ringelblumen-Samen oder Goldmohn-Samen nehmen.

Wenn ich du wäre

Papa deckte Laura
mit ihrer Bettdecke zu.
Dann sagte er: „Wenn ich
du wäre, würde ich mich
jetzt schön einmummeln
und schlafen."
Und das brachte Laura
auf einen Gedanken …

„Wenn du ich wärst
und ich wäre du", sagte Laura,
„läse ich dir eine Geschichte vor
über drei Bären …
Dann sagte ich schnell:
‚Gute Nacht' und
liefe nach unten –
Nachrichten hören!"

„Wenn du ich wärst
und ich wäre du",
sagte Papa, „dann schlief ich
im Bett mit dem Känguru
und am Morgen spränge ich
auf dich im Nu!"

„Wenn du ich wärst
und ich wäre du", sagte Laura,
„dann bekämst mein
Ballettkleid in Pink einfach du!
Ich machte dir Frühstück –
jeden Tag Brei …
… und äße selbst
Schoko-Quark extra mit Ei!"

Papa setzte sich auf
und kratzte sein Kinn.
„Wenn du ich wärst
– lass es mich richtig rum drehen –,
würdest du den Abwasch machen,
ich könnte fernsehen.

Danach würde ich spielen
mit Millie der Maus,
während du staubsaugen
müsstest im Haus!“

Papa seufzte:
„Was für ein Tag. Ich glaube,
ich hielte ihn für einen Traum.
Kein Putzen, kein Kochen,
kein Streng-mit-dir-Sein!
Ich fürchte, ich glaubte es
selber kaum.“

Laura sah ihren Papa an.
Dann meinte sie: „Papa, wenn ich
du wäre und du wärst ich …
Ich glaube, dann wäre ich
wohl lieber ich!“

Text: Richard Hamilton
Bilder: Babette Cole

Abwasch

Ich will Räder,
ich will Räder,
einen Motor an das Haus.
Räder an die Küche
und dann fahren wir hinaus –
und dann darf die Mama lenken
und der Papa tritt aufs Gas
und dann spritzt das Abwaschwasser
alles ganz von selber nass.
Lass ich dann ’nen Teller fallen
aus den Händen
sag ich frech:
Schade um die Scherben.
Scharfe Kurve –
so ein Pech!

Edward van de Vendel

S. 189 Textwerkstatt

Meine Oma fährt im Hühnerstall Motorrad

Meine Oma fährt im Hühnerstall Motorrad,
Motorrad, Motorrad.
Meine Oma fährt im Hühnerstall Motorrad,
meine Oma ist 'ne ganz patente Frau.

Meine Oma hat 'n Waschbecken mit Sprungbrett ...

Meine Oma hat im Backenzahn ein Radio ...

Meine Oma hat 'nen Goldfisch, der raucht Pfeife ...

Meine Oma hat 'nen Kochtopf mit 'nem Lenkrad ...

Meine Oma hat 'nen Dackel, der trägt Höschen ...

Meine Oma spielt in Hollywood 'nen Cowboy ...

Meine Oma hat im Küchenschrank Kaninchen ...

Meine Oma fährt im Suppenteller U-Boot ...

Meine Oma hat 'nen Sturzhelm mit Antenne ...

Meine Oma hat 'ne Teekanne mit Schutzblech ...

Meine Oma ist 'ne ganz patente Frau!

Was macht deine Oma?
Was macht dein Opa?

Der Streik

Beim Tee hatte Jeremy James für Papa und Mama eine kleine Überraschung parat. Mama hatte ihn gebeten, die Marmelade zu holen.
„Nein“, sagte Jeremy James.
„Wie bitte?“, sagte Mama.
„Ich streike“, sagte Jeremy James.
Mama und Papa sahen sich an.
„Ich finde, mir steht mehr Geld zu“, sagte Jeremy James.
„Und ich werde jetzt so lange nicht mehr arbeiten, bis mein Lohn erhöht wird.“
„An welche Summe hattest du denn gedacht“, fragte Papa.
„Hundert Euro die Woche“, sagte Jeremy James.
„Hundert Euro und … zehn Cent.“
„Und *zehn* Cent?“, sagte Papa. „Donnerwetter, das ist ganz schön happig.“

Am nächsten Morgen hatte Mama für Jeremy James eine kleine Überraschung parat. Es gab kein Frühstück.
„Kein Frühstück?“, sagte Jeremy James.
„Ich streike“, sagte Mama.
Am Tisch saß Papa und vor ihm stand ein Teller mit einem leckeren Spiegelei.
„Kannst du mir nicht was kochen?“, fragte Jeremy James.
„Bedaure“, sagte Papa. „Ich streike auch.“

S. 187 Textwerkstatt
KV 74
KV 75 (Test)

Langsam und ziemlich unglücklich ging Jeremy James nach oben. Er sah sich nach seinen Anziehsachen um.

„Mama“, rief Jeremy James, „ich kann meine sauberen Sachen nicht finden.“

„Du musst die schmutzigen wieder anziehen“, rief Mama.

„Die sind aber ganz dreckig und eklig“, rief Jeremy James.

„Dann musst du sie dir auswaschen“, rief Mama. „Ich streike.“

Jeremy setzte sich auf sein Bett und überlegte. Die Sache mit dem Streik war eine gute Idee gewesen, aber wenn streiken hieß, dass es kein Essen und keine sauberen Sachen gab, dann war die gute Idee vielleicht doch nicht so gut.

Jeremy James ging wieder nach unten.

„Wann ist euer Streik zu Ende?“, fragte Jeremy James.

„Wenn ich kriege, was ich haben möchte“, sagte Mama.

„Und was ist das?“, fragte Jeremy James.

„Hundert Euro und zehn Cent“, sagte Mama.

David Henry Wilson

Und was sagt Papa?

Bitte, Luise!

Luise ließ ihren Bruder Jakob nie in Ruhe. Sie tanzte in sein Zimmer. Sie spielte mit seinen Spielsachen. Sie hopste auf seinem Bett.

„Geh weg!“, sagte Jakob. „Ich geh nicht weg, nie“, sagte Luise.

Jakob schloss die Augen. Ich wünschte, sie wäre ein Hund, dachte er. Ein Hund würde nicht in sein Zimmer tanzen. Ein Hund würde nicht den ganzen Tag reden. Ein Hund würde überhaupt nicht reden.

Warum war es plötzlich so still? Wo war Luise? Jakob sah sich um – keine Luise.

Jakob suchte drinnen, Jakob suchte draußen. Doch dann sah Jakob einen komischen kleinen Hund. Der komische kleine Hund kam direkt auf ihn zugerannt. Das war doch nicht …

„Luise?“, sagte Jakob. „Wau!“, bellte der Hund. „O nein!“, sagte Jakob. Er schloss die Augen.

Bitte, Luise! Sei kein Hund! Bitte, Luise! Komm zurück! Bitte, Luise! Sei wieder meine kleine Schwester!

„Hallo, Jakob!“, rief Luise. „Das ist Billy. Er ist gerade neben uns eingezogen. Aber wir wollen alleine spielen. Tschüss, Jakob!“

Frieda Wishinsky

S. 180 Textwerkstatt

Mutter, Vater, ich und sie

Nichts gegen meine Schwester.
Nur manchmal regt sie mich eben auf.
Mutter sagt, sie würde sie nie mehr hergeben.
Vater würde sie, denke ich, auch nicht hergeben.
Ich auch nicht.
Außerdem gibt es wohl niemanden, der sie nähme.

Jürg Schubiger

Eins, zwei oder drei

„Wenn ich einen Papa hätte“, sagte Anton,
„könnte Mama auch mal mit dem meckern.“
„Wenn ich eine Mama hätte“, sprach Dörte,
„könnte Papa auch mal mit der meckern.“
„Ich habe Mama und Papa“, seufzte Holger,
„wenn die meckern, dann nur mit mir.“
„Ich habe drei Eltern“, rief der kleine Franz,
„wenn zwei meckern, ist einer für mich da.“

Franz Zauleck

Klar, dass Mama Anna lieber hat

Und dabei hat doch ganz bestimmt Anna angefangen! Aber natürlich nimmt Mama wieder Anna in Schutz und nie beschützt sie Ole. Da ist es ja ganz klar, dass Mama Anna lieber hat als ihn, und das hat Ole schon immer gewusst.

Weil Mama Anna immer mehr Pudding auf den Teller tut als Ole, immer, auch wenn sie sagt, es ist ganz genau gleich. Aber Ole kann ja wohl sehen, was mehr ist!

Und manchmal, wenn Ole schon ins Bett muss, darf Anna noch bei Mama sitzen und mit ihr Sachen bereden über die Schule und dabei muss sie doch morgens genauso früh aufstehen wie er! Und wenn Ole dann heimlich wieder aus dem Bett gekrabbelt kommt und durch die Wohnzimmertür linst, bringt Mama ihn zurück in sein Bett, und auf dem Sofa sitzt immer noch Anna und bestimmt lacht sie ihn aus.

⊙ Hör-CD – Hör genau: Woran merkt Ole, dass Mama Anna lieber hat?

Klar, dass Mama Ole lieber hat

Und mit Ole schimpft Mama gar nicht! Mit Ole schimpft sie kein einziges Wort, und daran sieht man doch mal wieder, dass sie ungerecht, ungerecht, ungerecht ist.

Und dass sie Ole viel lieber hat als Anna. Das weiß Anna sowieso schon lange, weil Mama Ole immer mehr Pudding auf den Teller tut als Anna, immer.

Auch wenn sie sagt, es ist ganz genau gleich. Aber Anna kann ja wohl sehen, was mehr ist! Und wenn Anna um acht Uhr ins Bett muss, muss Ole auch erst um acht. Dabei ist er drei Jahre jünger, und als Anna noch nicht mal vier war, musste sie immer schon um sieben ins Bett.
Da ist es ja klar, dass Mama Ole lieber hat, immer nimmt sie Ole in Schutz und niemals beschützt sie Anna.

Text: Kirsten Boie
Bilder: Silke Brix-Henker

Manchmal wär ich gern …

Manchmal wär ich gern ein Tiger.
Mein kleiner Bruder Simon
darf dann immer auf mir reiten.
Wenn Simon
in der Nacht Angst hat,
dann schlüpf ich zu ihm ins Bett
und beschütze ihn.
Er kuschelt sich an mein Fell
und ich erzähle ihm
eine Geschichte
aus dem Dschungel.

Erhard Dietl

Was wärst du gerne?
Und was würdest du
dann tun?

Die Sonntagmorgenmeise

Die Meise hat aufs Dach gepickt.
So?
Die Meise hat mich wachgepickt.
Und dann?
Dann habe ich mich wachgeblickt.
Und nun?
Nun bin ich hier.
Was wirst du tun?
Darf ich ins Bett zu dir?

Reiner Kunze

⊙ Hör-CD – Hör genau: Wer weckt das Kind?

Ich hab zwei Haustüren

Ich heiße Anna.
Ich bin bei Mama und Papa zu Hause.
Ich habe zwei Haustüren.

Ich habe auch zwei Lieblingsplätze:
Einen Schaukelstuhl bei Papa.
Und einen Kuschelsessel bei Mama.

Ich habe zwei Kinderzimmer.
Und ich habe viele Freunde.
Mit den einen spiele ich, wenn ich
bei Papa bin. Und mit den anderen
spiele ich, wenn ich bei Mama wohne.

Und ich habe zwei Küchen.
Mit Papa mache ich Essen.
Und Mama helfe ich beim Backen.

Zwei Telefonnummern habe ich auch.
Mama ruft mich bei Papa an.
Und Papa ruft mich bei Mama an.

Claire Masurel

Erstens, zweitens, drittens

Katrins Opa ist voriges Jahr gestorben. Katrin hat ihren Opa sehr gern gehabt. Wenn er mit ihr spazieren ging, erzählte er ihr immer was. Mal redeten sie über die Sterne am Himmel. Mal über Tiere. Mal darüber, wie es war, als ihre Eltern noch Kinder waren. Mit anderen Leuten sprach Katrins Opa nicht so gern. Da schwieg er lieber, um besser nachdenken zu können, wie er sagte. Im Stadtpark wollte Katrin von ihrem Opa mal wissen, weshalb er ausgerechnet mit ihr so gern sprach. Da setzte er sich auf eine Bank und schwieg lange. Dann sagte er leise: „Erstens, weil ich dich sehr lieb habe." Das hatte Katrin sich schon gedacht. „Und zweitens?" „Zweitens, weil ich mich gern mit Leuten unterhalte, die noch neugierig sind." Das hatte Katrin noch nicht gewusst. Aber ihr Opa hatte Recht: Sie war unheimlich neugierig und hätte am liebsten alles gewusst. Sie konnte sich gar nicht vorstellen, dass es Menschen gab, die nicht neugierig waren. Ihr Opa jedoch sagte, unter den Erwachsenen gäbe es davon sehr viele, und sie glaubte ihm. „Und drittens?", fragte sie weiter, denn sie dachte sich, dass noch etwas kam. Katrins Opa überlegte erst wieder.

Dann sagte er: „Drittens, weil ich möchte, dass du später mal an mich denkst." Mit „später" meinte Katrins Opa die Zeit nach seinem Tod. Katrin begriff das sofort. Weil sie aber nicht gern daran dachte, dass sie ihre Großeltern irgendwann nicht mehr haben würde, fragte sie nicht weiter danach. „Ich möchte", sagte ihr Opa da zu ihr, „dass du dich später an die vielen Dinge erinnerst, die wir zusammen gemacht und über die wir gesprochen haben. Dann kannst du eines Tages deinen Kindern von Oma und mir erzählen. Und deinen Enkeln. Auf diese Weise werden wir lange nicht vergessen."

Klaus Kordon

Du

Ich geh in deinem Gesicht spazieren.
Alles ist vertraut:
dein Mund,
deine Nase.
Ich fühle
die weiche Haut
und muss halten
bei den lachenden Augen.
Ich zähle die kleinen Falten.
Kuschle mich
in deinen Arm,
fühl mich geborgen.
Du bist so warm.

Regina Schwarz

⊙ Hör-CD – Hör genau:
Warum sprach Opa gerade mit Katrin so gern?

Der Sonnenwecker

Ich krähte.
Die Sonne ging auf.
Ich hatte sie geweckt.

Gegen Mittag
kam Hedi zu mir.
Hedi ist so alt wie ich.
Sie sagte:
„Bild' dir bloß
nichts ein. Die Sonne
geht auch ohne dich auf."

Ich glaubte ihr nicht.
Und weckte
am nächsten Morgen
die Sonne.
Ganz allein.

„Du weckst sie nicht.
Du weckst sie nicht.
Und ich kann es beweisen",
sang Hedi und
lief hinter den Stall.

S. 191 Textwerkstatt

Sie hatte einen Stock
in der Kralle und
malte etwas in den Sand.

„Hör zu, du Hähnchen,
die Sache läuft so:
Unsere Erde ist eine Kugel
und fliegt um die Sonne.
Nur für uns sieht es so aus,
als ob sie aufgeht.
In Wirklichkeit fliegen wir
um die Sonne, kapiert?"

Wir sahen auf die Zeichnung.
„Totaler Blödsinn!", rief ich.
„Der Hahn weckt die Sonne!
Das weiß doch jedes Kind."

Text: Martin Baltscheit
Bilder: Christoph Mett

Was im Sommer Freude macht

Text: Rosemarie Künzler-Behncke
Musik: Klaus W. Hoffmann

2. Würstchen und Kartoffeln grillen,
   Federball und Fußball spielen,
   Himbeereis mit Sahne schlecken,
   Kopfsprung in das Wasserbecken.
   Weißt du was …

3. Ferien auf dem Land erleben,
   Schweinen morgens Futter geben,
   Traktor fahren, Ponys reiten,
   Kühe auf die Weide treiben.
   Weißt du was …

⊙ Hör-CD – Hör genau: Übt das Lied und singt es.

Unterwasser-Seh-Rohr

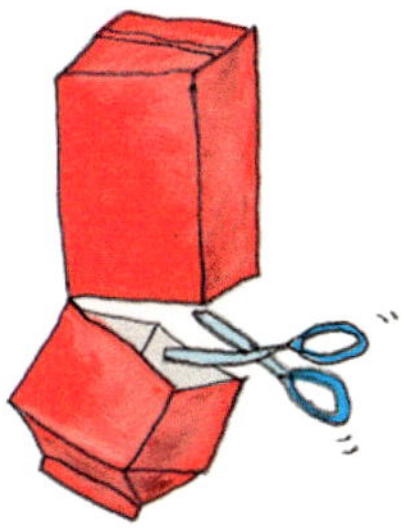

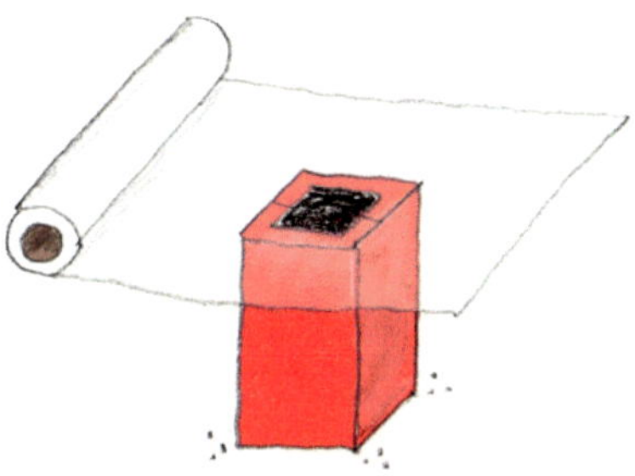

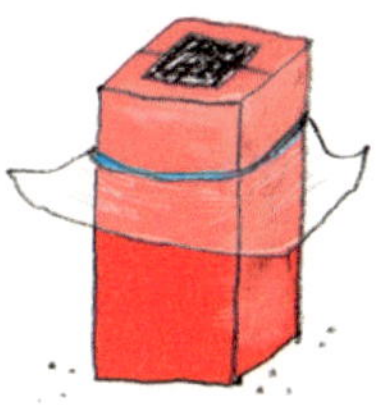

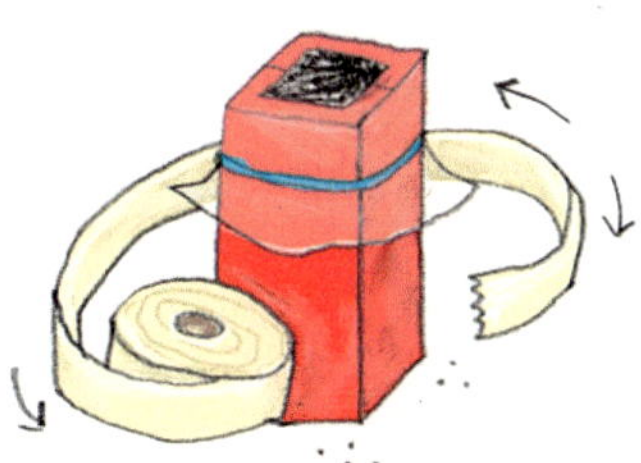

Du brauchst:

- 1-Liter-Milchkarton oder Saftkarton (Tetra-Pack, möglichst quadratisch)
- Schere
- Klarsichtfolie
- Gummiringe
- Paketklebeband

So wird's gemacht:

1. Den oberen Rand des leeren Kartons gerade abschneiden, sodass du bequem hineinschauen kannst.
2. Karton auswaschen und trocknen lassen.
3. In den Boden ein Guckloch schneiden und mit der Folie abdecken.
4. Die Folie mit Gummiringen sichern und dann noch mit Klebeband fixieren.

Was siehst du, wenn du dein Seh-Rohr ins Meer hältst? Oder in einen Bach? Oder in einen Teich?

Willi hat keine Schwimmhäute

Dann waren Ferien. Und Familie Glück fuhr in den Urlaub. Willi fand Urlaub gar nicht so gut. Im Urlaub konnte er nichts von dem tun, was er wirklich gut konnte: nicht Rad fahren, nicht Fußball spielen, nicht laut singen. „Können wir nicht einfach dableiben?“, fragte er. „Nein, nein!“, sagte Papa. „Wir fahren ans Meer. Zwei Wochen nur Sonne, Sand und Wasser.“ „Schrecklich!“, dachte Willi.

Als sie in ihrem Ferienhaus am Meer angekommen waren, rannten alle sofort zum Wasser und sprangen platsch! hinein. Willi sah ihnen zu. „Es ist herrlich herrlich herrlich!“, rief Mama. „Komm!“ „Ich wart erst mal ein bisschen“, sagte er. Er stand am Ufer und bohrte seinen großen Zeh in den Sand. Vor ihm im seichten Wasser lag die ganze Familie und versuchte ihn hineinzulocken. Vergeblich.

„Hab ich doch gesagt“, sagte Tobi beim Abendessen, „das ist ein wasserscheuer Schisser.“ „Lass ihn in Ruh!“, sagte Mama. „Das kommt schon noch, was Willi?“, sagte Papa. „Wenn er nicht reinwill, soll er halt draußen bleiben, mein Gott!“, sagte Tesi.

Jeder hat mal Angst.

S. 184 S. 187 Textwerkstatt

KV 80
KV 81 (Test)

„Ich hab keine Schwimmhäute, deswegen“, sagte Willi.

„Was?“, fragte Tobi.

„Keine Schwimmhäute“, sagte Willi und spreizte seine Finger ganz weit auseinander. „Alle haben Schwimmhäute: der Schwan und die Enten und die Frösche zum Beispiel. Aber ich nicht.“

Er schlüpfte aus den Sandalen und legte seinen rechten Fuß auf den Tisch. Er spreizte seine Zehen.

„Keine Schwimmhäute!“

„Spinnst du?“, sagte Tobi.

„Willi, nimm den Fuß vom Tisch!“, sagte Papa.

„Der Hund hat auch keine Schwimmhäute, zum Beispiel“, sagte Tobi. „Aber er schwimmt trotzdem.“

„Aber nicht so gut wie der Seehund“, sagte Willi. „Der hat welche.“

„Mein Gott, spinnt ihr alle?“, sagte Tesi.

„Wasserscheuer Blödmann!“, sagte der Tobi.

„Tobi! Tesi! Jetzt ist Schluss!“, sagte Mama.

In der Nacht hatte Willi einen Traum: Er hat so große Schwimmhäute, dass er auf dem Wasser laufen kann. Er kann übers Meer gehen und wird gar nicht nass. Er geht ganz weit hinaus. Und als Mama ihm ängstlich zurückwinkt, da lacht er laut. Haha! Ich gehe bis nach Afrika!

Rudolf Herfurtner

Zwei Ameisen reisen nach Australien

Es war einmal ein Dichter, der hieß Ringelnatz und hatte ein berühmtes kleines Gedicht geschrieben:

Die Ameisen
In Hamburg lebten zwei Ameisen,
die wollten nach Australien reisen.
Bei Altona auf der Chaussee,
da taten ihnen die Beine weh.
Und da verzichteten sie weise
dann auf den letzten Teil der Reise.

Dieses Gedicht mochten die Kinder ganz besonders gerne. Wenn es der Lehrer vorlas, musste die ganze Klasse laut lachen. Denn dass sie nur bis Altona gekommen waren, fanden alle sehr komisch. Nur die Ameisen nicht.

Eines Tages platzte Hein der Kragen, und er rief eine große Versammlung ein: „Bei meinem Bart, es wird Zeit, dass wir diesem Ringelmatz endlich zeigen, was eine richtige Ameise ist! Wer von euch kommt mit nach Australien?"

Aber keiner rührte sich.
„Gibt es denn niemanden in diesem Haufen, der mich begleiten will?“
„Ich würde ja mitkommen“, meldete sich da eine Stimme, „aber meine Schuhe sind kaputt.“
„Hm, hm“, brummte Hein, „wie ist denn dein Name?“
„Ich heiße Jan.“
„Und hast du schon einmal eine Reise unternommen?“
„Ich hab schon drei Mal meinen Onkel besucht“, antwortete Jan ganz stolz. Doch dann fiel ihm ein, dass der nur in Altona wohnte, und er sagte schnell: „Außerdem kann ich Rauchzeichen lesen und weiß, wie man einen Pfadfinder-Knoten macht.“
„Wenn das so ist“, sagte Hein, „werd ich dir neue Schuhe besorgen. Einen Rucksack brauchst du auch noch. Und wenn wir alles zusammenhaben, geht's los.“

Bevor sie sich auf den Weg machten, mussten Jan und Hein feierlich vor versammeltem Haufen ein Versprechen ablegen.
„Wenn ihr in Australien angekommen seid, dann schreibt uns eine Ansichtskarte, damit wir wissen, ob ihr angekommen seid.“
„Versprochen“, sagte Hein und machte sich mit Jan auf die Reise.

Jackie Niebisch

Kartengrüße aus den Ferien

An den Papa

Pa, ich schreibe dir aus Bern,
und das heißt: Ich bin dir fern.
Dabei hab ich dich so gern
wie sonst keinen andern Herrn.

An die Mama

Liebe Mama, hier auf Föhr
gibt es jede Menge Meer.
Aber du – du fehlst mir sehr.
Komm doch her.

An die Oma

Oma, diese Fahrt ist klasse.
Und dank dir bin ich bei Kasse,
kann mir mal was extra gönnen,
lern dabei die Gegend kennen,
denk an dich und hab dich lieb –
tschüss, dein Enkel, der dir schrieb.

Irmela Brender

S. 190 Textwerkstatt

Der König und das Meer

„Ich bin der König", sagte der König.
Das Meer rauschte eine Antwort.
„Ich weiß", sagte der König.
Er wurde still und nachdenklich.
„Ich weiß", murmelte er.
Dann hörte er lange dem Rauschen zu.

Heinz Janisch

Die Muschel hat das Meer gefangen

Als gestern die Wellen am schönsten sangen,
da hat die Muschel das Meer gefangen!

Seid ganz still und lauscht,
wie es in ihr rauscht!

Josephine Hirsch

Verwurmter Apfel

Ein Wurm sucht sich ’nen Apfel aus
und sagt: „Der Apfel wird mein Haus!“
Dann kriecht er in den Apfel rein
und richtet seine Wohnung ein.
Den größten Teil macht er zum Klo.
(Das ist bei Würmern immer so.)
Jetzt sieht ein Mensch mit viel Vergnügen
den Apfel in der Wiese liegen.
Er freut sich sehr und ruft beglückt
– indem er sich zum Apfel bückt:
„Ein Apfel, ein ganz feiner.
Den ess ich, das ist meiner!“
Doch gleich darauf merkt der Mensch entsetzt:
Der Apfel ist ja schon besetzt.

Drachenlachen

Wenn Drachen
beim Lachen
den Drachenrachen
weit aufmachen,
freut sich der Poet.
Weil durch dieses Lachen
tief im Drachenrachen
ein schöner Reim entsteht.

A-E-I-O-U

Ob ich eine lange Schlange
abends ohne Bange fange
oder eine kecke Schnecke
unter eine Decke stecke,
ob ich ein Stück Rinde finde
und an eine Linde binde
oder eine große Rose
morgens in die Soße stoße
oder meine Spucke schlucke
und zu einer Glucke gucke,
alles das ist allemal
völlig gleich und ganz egal.
Weil sich nur das Wort am Schluss
mit dem nächsten reimen muss!

Gedichte: Paul Maar
Bilder: Ute Krause

Paul Maar kennt gute Tricks zum Reimen

Das ist der Autor Paul Maar.
Er hat die Gedichte in
„JAguar und NEINguar“ geschrieben.
Paul Maar schreibt auch Kinderbücher,
zum Beispiel die Geschichten
vom Sams.

Wie sieht Ihr Arbeitstag aus?

Wenn ich an einem neuen Buch arbeite, setze ich mich gegen neun Uhr an den Schreibtisch und schreibe bis zum Mittag. Die ersten zehn oder zwölf Seiten schreibe ich mit der Hand auf einen Briefblock. Wenn der Anfang stimmt und wenn ich meine Figuren gefunden habe, schreibe ich diese Seiten auf dem PC ab. Dann bin ich schon so in der Geschichte, dass ich am Computer weiterschreiben kann. Nach einem Mittagessen und einem langen Spaziergang schreibe ich dann noch zwei bis drei Stunden weiter oder ich beantworte Kinderpost.

Woher haben Sie die Einfälle für Ihre Reime und Gedichte?

Meine Reime und Sams-Gedichte fallen mir nicht nebenher und spielerisch ein. An einem kurzen Gedicht sitze ich oft einen ganzen Nachmittag, manchmal sogar einen ganzen Tag, bis alles stimmt. Immer wieder muss ich witzige Reimzeilen wegwerfen, weil sich einfach kein gutes Reimwort finden lässt. Oder ich muss den Satz umstellen, damit ein anderes Wort am Ende der Zeile steht, zu dem es ein Reimwort gibt.

Haben Sie einen Tipp, um gute Reime zu finden?

Es gibt ein einfaches Mittel, um überhaupt erst mal auf ein Reimwort zu kommen: Ich suche zum Beispiel ein Wort, das sich auf „laut" reimt.
Ich schreibe mir an den oberen Rand der Seite (reimen kann ich nur handschriftlich, nie am Computer) „aut" und gehe nun das Alphabet durch: B: baut, C: gibt's nichts, D: daut = verdaut, F: wieder nichts. Dann geht noch „haut", „kaut", „saut" (versaut, angesaut, schaut).
Mehr gibt es nicht. Manchmal stelle ich fest, dass keins der so gefundenen Reimwörter vom Inhalt her passt. Dann muss ich das Wort „laut" durch ein anderes ersetzen, zum Beispiel durch „schrill". Das passt dann. Und „laut" kann ich in der Zeile trotzdem unterbringen:

Das Sams ist manchmal ziemlich schrill,
weil es am liebsten laut sein will.

Missratenes Gedicht

Jetzt sitze ich schon Stunden hier
und suche nach dem Reim.
Von viertel zwei bis fünf nach vier,
doch mir fällt keiner eim!

Ute Krause malt gern Unsinnsbilder

Ute Krause schreibt Geschichten und malt als Illustratorin Bilder zu Texten, zum Beispiel zu den Gedichten in „JAguar und NEINguar".

Im Sommer arbeite ich hier am liebsten. Da ist das beste Licht.

In meiner Wohnung arbeite ich, wenn es mir draußen zu kalt ist.

Als Kind habe ich mal in einem Internat in Indien gewohnt. Dort hatte ich eine Zeichenlehrerin, die mich bei einem Zeichen-Wettbewerb angemeldet hat. Da bin ich auf den ersten Platz gekommen. Von da an dachte ich: „He, ich kann ja malen." So ging das Ganze los. Als ich 23 Jahre alt war, habe ich mein erstes Bilderbuch gemacht. Ich bekam dann immer mehr Aufträge, Bilder zu malen.

Bei den Bildern zu Gedichten oder Wortspielen ist es oft so, als ob ich einen verrückten Kuchen backe – mit allen möglichen Zutaten, die nicht zusammengehören. So ähnlich mache ich das. Da wird aus dem Normalen oft das Unnormale, richtig schöner Unsinn.

Oft habe ich zu einem Text plötzlich ein Bild in meinem Kopf und das zeichne ich dann. Woher die Ideen kommen, ist schwer zu beschreiben. Bei dem Gedicht „Gelogen“ fiel mir die Geschichte von Pinocchio ein, der doch immer eine lange Nase vom Lügen bekommt.

Gelogen

Was du hier liest,
ist kein Gedicht,
ist endlos lang
und reimt sich nicht.

Wenn ich Gedichte illustriere, kann ich alles so machen, wie ich will.
Aber bei Geschichten muss ich sehr gut aufpassen, dass mein Bild keine Fehler hat. Zum Beispiel, dass ich die Krawatte nicht schwarz male, wenn im Text steht, dass sie gelbe Punkte hat. Wenn so etwas passiert, kommen gleich Beschwerdebriefe von Kindern.
Die passen nämlich sehr gut auf!

Linas Lesehunger

Lina Leseratte ging es gar nicht gut. Sie hatte seit Tagen kein Buch mehr verschlungen. Ihr war schon ganz flau im Magen. Sie dachte an einen dicken Krimi und schluckte. Wie gerne wollte sie in die Seiten beißen, kauen, schmatzen und das ganze Ding verputzen.

Bisher durfte sich Lina immer am Büchervorrat ihres Freundes Benno Bücherwurm bedienen. Aber nun hatte sie sich mit Benno verkracht. So ein Blödwurm. „Geh doch in die Bücherei und besorg dir dein eigenes Lesefutter", hatte Benno schließlich geschnauzt. Bücherei? – Davon hatte Lina noch nie gehört. Sie stürmte los!

„Ich habe gehört, hier gibt's Bücher?" Lina war ganz außer Puste, als sie in der Bücherei ankam. Frau Schmidt, die Bibliothekarin, nickte. „Das ist richtig. Hier darf sich jeder Bücher umsonst mitnehmen." Lina strahlte. „Das mache ich. Ich liebe Bücher!" „Wie schön!", dachte Frau Schmidt. Sie lächelte Lina ganz lieb an. „Es ist ganz einfach. Du bekommst einen Leseausweis. Mit dem darfst du dir Bücher ausleihen. Und nach drei Wochen bringst du sie wieder zurück." „Ach so." Lina war nicht mehr ganz so begeistert. Aber sie versuchte, sich nichts anmerken zu lassen.

S. 192 Textwerkstatt

Frau Schmidt überlegte kurz.

„Ich hätte hier ein paar Bücher für Leseanfänger, gerade richtig für dein Alter. Die sind ganz dünn“, sagte sie.

Lina schüttelte den Kopf. Wie sollte sie davon satt werden? „Ich mag eigentlich lieber richtig dicke Schinken.“

„Wirklich? So viele Seiten schaffst du schon? Das ist ja toll!“ Frau Schmidt freute sich immer mehr über Lina. „Und welche Bücher hast du am liebsten?“

Lina überlegte nicht lange.

„Ich mag alle Sorten! Aber nicht so schwere Bücher, dass es Bauchweh davon gibt. Der Anfang soll knackig sein, damit ich richtig Appetit auf mehr bekomme. Eine gute Prise Witz darf auch nicht fehlen. Und ich mag gar nicht, wenn Geschichten ein bitteres Ende haben. Da bleibt so ein schlechter Nachgeschmack zurück.“

„Oh, du kennst dich aber aus.“ Frau Schmidt war sehr beeindruckt. „Ich glaube, hier findest du das richtige Buch für dich.“

Frau Schmidt führte Lina vor ein großes Regal voller Bücher: Große Bücher, kleine Bücher, Bücher mit fetten Buchstaben und Bücher mit saftigen Bildern.

Lina lief das Wasser im Mund zusammen. Lecker!

Dann hatte sie plötzlich eine Idee. Irgendwo musste doch auch eine Liebesgeschichte stehen. So richtig ekelig süß und schmalzig. Lina grinste. Die wollte sie Benno mitbringen.

Silke Fokken

KINDERBÜCHER

B

Martin **B**altscheit:
Der Sonnenwecker

Franziska **B**iermann:
Der faule Kater Josef

B – D

Bruno **B**lume:
Gufidaun

Kirsten **B**oie:
Klar, dass Mama Anna lieber hat

Eric **C**arle:
Bilder Buch Schatz

Julia **D**onaldson:
Stockmann

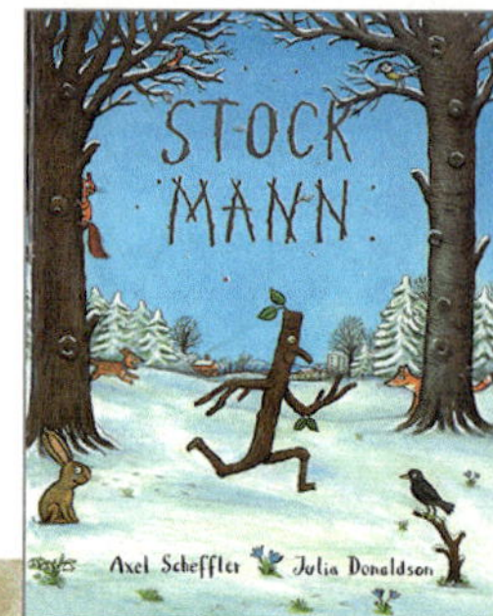

H

Richard **H**amilton:
Wenn ich du wäre

Sylvia **H**einlein:
Die Sache mit den Superhelden

J – K

Janosch:
Das Apfelmännchen

Erich **K**ästner:
Don Quichotte

Astrid **L**indgren:
Weihnachten im Stall

Sabine **L**udwig:
Leo und Lucy

Paul **M**aar:
JAguar und NEINguar

Paul **M**aar:
Neue Punkte für das Sams

L – M

Timo **P**arvela:
Ella in der Schule

Yvan **P**ommaux:
Detektiv John Chatterton

Ursel **S**cheffler:
Ätze,
das Tintenmonster

Binette **S**chroeder:
Ritter Rüstig & Ritter Rostig

P – S

Dr. **S**euss:
Jeder Tag hat eine Farbe

Tomi **U**ngerer:
Die drei Räuber

Hilde **V**andermeeren:
Der zwölfte Mann

S – V

CD UND DVD

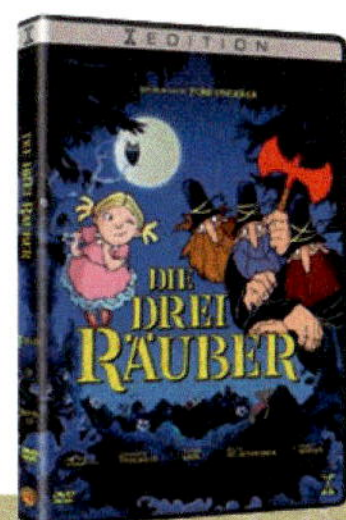

Mit welchem Buchstaben beginnt der Nachname deines Lieblingsautors?

Das hilft dir beim Lesen im Jo-Jo Lesebuch

Seite **2**

Am Anfang des Lesebuches findest du das Inhaltsverzeichnis.
Hier stehen die Namen von allen Kapiteln.
Die Seitenzahlen sagen dir, wo ein Kapitel anfängt.
Jedes Kapitel hat eine Farbe.

Inhalt

Auf welcher Seite beginnt das Kapitel „Winter"?
Welche Farbe hat das Kapitel „Spürnasen"?
Denkt euch selbst Fragen aus.

Seite **6**

Unten auf den Seiten stehen wichtige Informationen:

das Zeichen für das Kapitel

die Seitenzahl

manchmal ein Hinweis auf eine Aufgabe in der Textwerkstatt

Seite **5**

Längere Texte stehen in zwei Spalten auf der Buchseite.

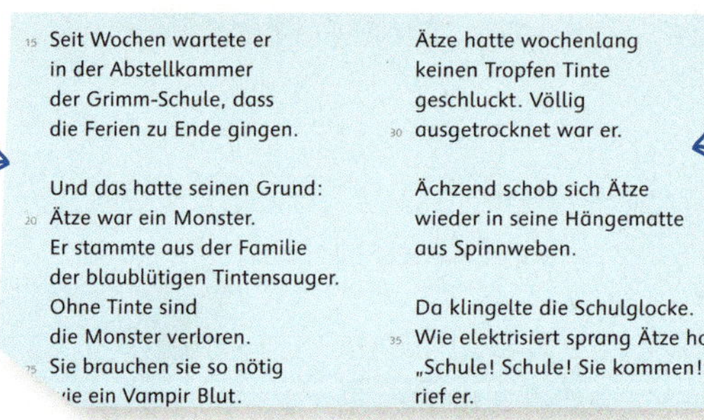

Seit Wochen wartete er in der Abstellkammer der Grimm-Schule, dass die Ferien zu Ende gingen.

Und das hatte seinen Grund: Ätze war ein Monster. Er stammte aus der Familie der blaublütigen Tintensauger. Ohne Tinte sind die Monster verloren. Sie brauchen sie so nötig ·ie ein Vampir Blut.

Ätze hatte wochenlang keinen Tropfen Tinte geschluckt. Völlig ausgetrocknet war er.

Ächzend schob sich Ätze wieder in seine Hängematte aus Spinnweben.

Da klingelte die Schulglocke. Wie elektrisiert sprang Ätze hc „Schule! Schule! Sie kommen!' rief er.

Lies zuerst die linke Spalte.

Lies danach die rechte Spalte.

Mit welchem Wort beginnt die linke Spalte?
Suche auf Seite 41: Welches Wort musst du hier zuerst lesen?

Das hilft dir beim Lesen im Jo-Jo Lesebuch

Seite **4**

Ätze hörte Stimmen.
Er wälzte sich
aus seinem Spinnwebenbett.
Mit seinen haarigen,
hageren Beinen kletterte er
am Heizungsrohr entlang
auf die Fensterbank.

Das ist die fünfte Zeile des Textes.

Wenn du eine bestimmte Stelle im Text suchst, hilft dir die Zahl vor den Zeilen.

Mit welchem Wort beginnt die zweite Zeile?
Wie heißt das letzte Wort der dritten Zeile?

Seite **5**

Ächzend schob sich Ätze
wieder in seine Hängematte
aus Spinnweben.

Da klingelte die Schulglocke.
Wie elektrisiert sprang Ätze hoch.
„Schule! Schule! Sie kommen!",

Absatz

Längere Texte sind in Absätze unterteilt. Nach jedem Absatz ist eine Lücke. Hier kannst du eine Lesepause machen.

Seite **16**

… Garten.
Vorsichtig stelzt Kim
über Blumenbeete, kniehohe
Zäune, Salate und Kohlköpfe.

Die farbigen Silben helfen dir beim Lesen längerer Wörter.

Welches Wort hat die meisten Silben?
Wie viele Wörter haben nur eine Silbe?

Seite **11**

Da meint der Lehrer:
„Meine Frage ist wohl zu schwer?"
Doch Timo antwortet:
„Nein, überhaupt nicht! Nur die Antwort!"

Die wörtliche Rede ist oft farbig. So erkennst du, wer etwas sagt.

Wer stellt die Frage? Wer gibt die Antwort?

Lesen üben

Seite **4**

Ätze, das Tintenmonster

Ätze steckt unter
der Decke
der Bettdecke
der Spinnwebenbettdecke

Er ist
ein Monster
ein Tintenmonster
ein Füllertintenmonster
ein Schulfüllertintenmonster

Baue selbst lange Wörter.

Seite **6**

Jonas geht in die Schule

Anja

Jonas

Mama

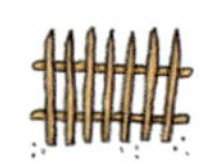

Lies vor und setze die Wörter ein.
Kannst du es ohne Pause?

▬ und seine Freundin ▬ gehen in dieselbe ▬.

▬ holt ihren Freund ▬ ab. Sie wartet am ▬.

Heute hat ▬ verschlafen. Er hat seinen ▬ nicht gehört.

Zum Glück hat ▬ ihn geweckt.

Seite **8**

Eine Buchstabengeschichte

Wenn du die Sätze lesen kannst,
bist du ein Buchstaben-Profi.

Buchstaben sind etwas Wunderbares.

Mit Buchstaben kann man spielen.

BUCHSTABEN ZAUBERN SPANNENDE GESCHICHTEN.

Buchstaben machen es uns manchmal schwer.

Lesen üben

Seite **10**

Zungenbrecher

Es klupperten die Klupperschlungen,
bis ihre Kluppern schlupper klungen.

Es klopperten die Klopperschlongen, …

Mit welchem Laut klingt der Zungenbrecher am lustigsten?
Probiere es auch mit anderen Zungenbrechern aus.

Seite **13**

Ich hab etwas für dich / Sonne, Mond und Sterne

Reimwörter:
Sorgen – borgen – m…
Sterne – gerne – …
Lachen – …

Findest du noch mehr Wörter, die sich reimen?

Seite **38**

Die Katze

Lies die Gedichte. Schaffst du es, obwohl die Katze darübergelaufen ist?

Die Katze

Die 🐾atze trippelt auf
dem 🐾achfirst.
Stehen bleibt sie k🐾rz
und schaut über
die moosigen 🐾ächer.
Ihre 🐾edanken zucken
im 🐾🐾🐾wanz,
im gestreiften.

Erwin Moser

Mein Kater

Seine Wan🐾e an meiner
sein Schnu🐾🐾bart kitzelt
im Ge🐾icht
da ist wer
für den ich nicht
an🐾ers sein muss
als ich bin
da🐾it er mich ma🐾.

Edith Schreiber-Wicke

Lesen üben

Seite 42

Kakadu und Papagei

Welche Tiere verstecken sich hier?
Um welche Buchstaben streiten sich die Tiere?

Pfo, Mos, Rope, Foltier, Tosendfüßler, Bronbär
Vaugel, Nashaurn, Waulf, Antilaupe, Frausch, Kraukaudil

Seite 105

Im Eigelb steckt der Igel

In welchen Wörtern stecken „und" und „im" und „wir"?
Aus den übrig gebliebenen Wörtern kannst du
einen Satz bilden.

Mund • Himmel • einwirken • Gewitter • Stunde • heute •
Runde • schlimm • gab • Freunde • Wirbel • es • Eimer • ein

Seite 117

Simsalabim …

Kannst du diese Geheimschriften entziffern?

EinDe tekt ivgib tnie mal sauf.
DieP oli zeif äng tamM org enei nenDieb.

Dor Dotoktov fondot don Goldsock.
Dir Kimmissir ist zi lingsim.

Lesen üben und Texte besser verstehen

Seite 23

Uuuuaaahhhh!

Welche Sätze stimmen? Setze das Lösungswort aus den Buchstaben zusammen. Schreibe es in dein Heft.

Zu Halloween leuchten ausgehöhlte Kürbisse. (G)
Zu Halloween leuchten ausgehöhlte Gebisse. (S)

Gruselig gekleidete Kinder ziehen von Tür zu Tür. (EI)
Gruselig gekleidete Rinder ziehen von Tür zu Tür. (AU)

Der Bauch ist in Irland entstanden. (SP)
Der Brauch ist in Irland entstanden. (ST)

Seite 24

Wer war Sankt Martin?

Hier sind fünf Dinge falsch!
Erzähle einem Partnerkind, wie die Geschichte richtig geht.

Martin lief durch eine Stadt.
Am Tor saß ein Bettler.
Der Bettler hatte einen warmen Mantel an.
Martin teilte sein Brot mit dem Messer.
Er gab dem Bettler eine Hälfte,
damit er nicht mehr hungern musste.

Lesen üben und Texte besser verstehen

Seite **33** **„Bitte streicheln!"**

Welcher Satz passt zu welchem Tier?

Es gibt regelrechte Schmusehunde.
Sie maunzen und schnurren.
Ihr Tuckern ist ein Wohlfühl-Geräusch.
„Jetzt langt's!", bedeutet es, wenn sie
deine Hand wegstupsen.

Seite **44** **Die drei Räuber**

Welche Sätze stimmen? Setze das Lösungswort
aus den Buchstaben zusammen. Schreibe es in dein Heft.

Die Räuber sind nur am Tag unterwegs. (NACH)
Frauen und Männer fürchten sich vor ihnen. (ABEN)
Die Hunde beißen die Räuber. (TAU)
Tiffany hat keine Eltern mehr. (TEU)
Sie ist klein, aber sie ist auch mutig. (ER)

Seite **54** **Die tollkühnen Abenteuer von JanBenMax**

Ergänze die Sätze und schreibe sie in dein Heft.

Frau Metzler kommt zu Jan, Ben und Max, weil ...
Obwohl Frau Metzler so viel Kaffee trinkt, ...
Jan, Ben und Max spielen Raumschiff und benutzen dazu ...
Als Mama kommt, ...
Frau Metzler hat die ganze Zeit ...

Lesen üben und Texte besser verstehen

Seite 62

Weihnachtszeit in den Niederlanden

Was ist in den Niederlanden in der Weihnachtszeit anders als in Deutschland?
Schreibe die Unterschiede mit einem Partnerkind auf.

Deutschland	Niederlande
Nikolaus	
Helfer:	Helfer: Zwarte Piet
	Schiff oder …
mehr Geschenke am Weihnachtsabend	
…	

Seite 66

Ulli ist krank

Welche Sätze stimmen? Setze das Lösungswort aus den Buchstaben zusammen. Schreibe es in dein Heft.

Ulli liegt im Bett, weil er müde ist. (ZU)
Die Mutter hat Ulli lieber als Ulrike. (UM)
Ulli mag nichts essen, weil er krank ist. (VOR)
Ulrike ist eifersüchtig auf Ulli. (LE)
Der Vater hat keine Lust, Ulrikes Rad zu reparieren. (LI)
Die Eltern finden es genauso schlimm, wenn Ulrike krank ist. (SEN)

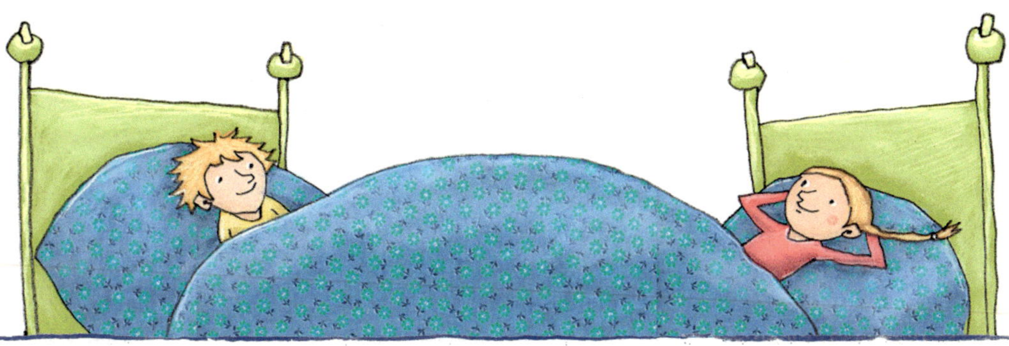

Lesen üben und Texte besser verstehen

Seite 79

Warum leuchten die Sterne?

Bringe die Sätze in die richtige Reihenfolge.
Schreibe sie in dein Heft.
Tipp: Achte auf die unterstrichenen Anschluss-Wörter.

1. Das Gas im Weltraum bildet Klumpen.

Immer zwei Teilchen verschmelzen.

Die Klumpen ziehen sich zu Gasbällen zusammen.

Bei dem Verschmelzen wird Energie frei.

In den großen Gasbällen werden die Teilchen zusammengedrückt.

Seite 96

Die Sache mit den Superhelden

Beantwortet die Fragen zu zweit. Lest im Text nach.

Wer gehört zum Klub „Die Besten"?
Warum denken die Freunde, dass der Grimmige ein Geheimnis hat?
Was sehen die Kinder im Geheimzimmer?
Was tun die Kinder, um die Superhelden zu treffen?
Welche Superkräfte haben Geckogirl, Gigaman und Starman?

Lesen üben und Texte besser verstehen

Seite 112

Die jungen Amseln

Setze die richtigen Wörter ein. Schreibe den Text in dein Heft.

Die Amsel baut im ▬ ein Nest
und legt die ▬ hinein.
Sie brütet ▬ Tage lang.
Wenn die jungen Amseln schlüpfen,
sind ihre Augen noch ▬.
Sie haben auch noch ▬ Federn.
Die jungen Amseln werden mit ▬ gefüttert.
Wenn die Amseln ▬ sind, verlassen sie das Nest.

Seite 118

Die rote Socke

Macht ein Spiel. Ein Kind liest das schwierige Wort.
Das andere Kind liest die Erklärung. Wechselt euch ab.

kahles Haupt	französische Gräfin
Komtess	brennendes Eis
flambierte Eisbombe	die Kelle in die Suppenschüssel tauchen
komponierte Festsuppe	wichtiger Mitarbeiter der Regierung
Erster Staatssekretär	Kopf ohne Haare
die Kelle in die Terrine senken	eigene Suppen-Erfindung

Lesen üben und Texte besser verstehen

Seite 130

Gewöhnlicher Löwenzahn / Scharfer Hahnenfuß

Zu welcher Pflanze passen die Sätze? Ordne richtig zu und schreibe in dein Heft.

Die Blätter sind essbar.
Die Pflanze hat fünf Blütenblätter.
Die Samen haben Schirmchen.
Die Pflanze wächst an feuchten Orten.
Die Pflanze ist giftig.
Die Blüten sind gelb.

Löwenzahn: Die Blüten sind gelb. …
Scharfer Hahnenfuß:

Seite 133

Die Pflanzen-Sprache

Finde die drei Fehler und schreibe die Sätze richtig in dein Heft.

Pflanzen sprechen wie wir Menschen.
Sie verständigen sich durch Duftstoffe.
Sie unterhalten sich nie über Schädlinge.
Tomaten locken mit einem Duft Tiere an.
Diese Tiere fressen ihre Blätter.

Seite 142

Bitte, Luise!

Beantwortet die Fragen zu zweit. Lest im Text nach.

Worüber streiten sich Luise und Jakob?
Was wünscht sich Jakob?
Warum erschrickt Jakob?

Zu Texten erzählen und schreiben

Seite **14**

Ella im Schwimmbad

Die Kinder hatten im Schwimmbad viel Spaß.
Und der Lehrer?
Stelle dir vor, was er von dem Schultag berichtet.
Erzähle es einem anderen Kind.

Seite **44**

Die drei Räuber

Was passiert mit Tiffany und den drei Räubern?
Schreibe eine Fortsetzung der Geschichte.

Seite **70**

Stockmann

Meinst du, Stockmann findet zu seiner Familie zurück?
Schreibe auf, was er noch alles erlebt.
Du kannst auch passende Bilder zu deiner Geschichte malen.

Seite **86**

Wer isst was?

Was isst du? Schreibe auf und male.
Aus euren Texten könnt ihr ein Plakat gestalten.

Zu Texten erzählen und schreiben

Seite 88 **Die knubbeldicke Kartoffelkönigin**

Märchen hat man früher nicht gelesen, sondern erzählt.
Schreibe zu jedem Absatz des Märchens Stichworte auf.
Erzähle die Geschichte. Deine Stichworte helfen dir.

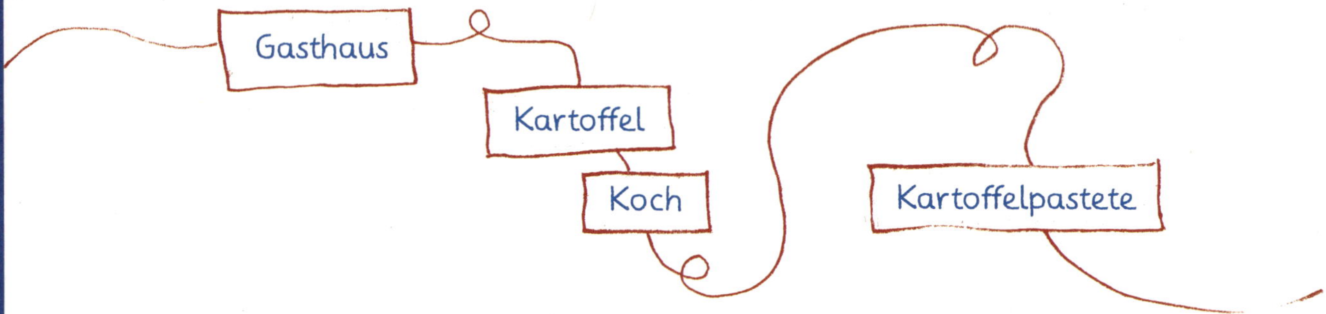

Seite 116 **Das ABC im Rückwärtsgang / Simsalabim**

Schreibe selbst eine geheime Botschaft.
Du kannst auch eine eigene Geheimschrift benutzen.

Seite 156 **Zwei Ameisen reisen nach Australien**

Stelle dir vor, du bist Hein oder Jan.
Schreibe eine Postkarte über deine Erlebnisse.
Male auf die andere Seite ein Bild.

Mit Texten umgehen

Seite 8

Eine Buchstabengeschichte

Male verschiedene Buchstaben auf ein Blatt.
Woran erinnern dich deine Buchstaben?
Wie fühlt sich deine Hand beim Schreiben an?
Sprich mit einem anderen Kind darüber.

Seite 35

Das tierische Wörterbuch

Probiert aus, wie sich die Tierlaute
in den verschiedenen Sprachen anhören.
Kennt ihr noch Tierlaute in anderen Sprachen?

Seite 40

Der Wellensittich Clara

Diesen Text könnt ihr mit verteilten Rollen lesen.
Wie könnt ihr die Sätze betonen?
Traurig, tröstend, neugierig, ängstlich, erschrocken …
Wie klingen die Tierstimmen?

Seite 83

Die Stille

Versucht die Stille zu hören.
Ein Kind stoppt eine Minute.
Alle Kinder sitzen ganz still
und machen kein Geräusch.
Was könnt ihr in der Stille hören?
Was hört ihr, wenn das Fenster offen ist?

Wer hält es am längsten aus, ganz still zu sein?

Mit Texten umgehen

Seite 92

Himmel und Hölle

Fragt eure Eltern und Großeltern, welche Spiele
sie früher gespielt haben.
Welche Spiele waren früher und heute gleich?
Probiert die Spiele aus, die ihr noch nicht kennt.

Seite 100

Interview mit Fatmire „Lira“ Bajramaj

Lira Bajramaj erzählt von sich und ihrer Familie.
Erzähle du von dir. So könnten deine Sätze anfangen:

Ich heiße …
Geboren bin ich …
Mein Spitzname ist …
In meiner Freizeit …
In der Schule …

Seite 154

Willi hat keine Schwimmhäute

Macht ein Spiel in der Klasse.
Jedes Kind schreibt Sätze über sich auf ein Blatt:

Ich mag gerne … oder *Ich mag nicht gerne …*
Ich kann gut … oder *Ich kann nicht so gut …*

Niemand darf euch beim Schreiben zusehen.

Alle Zettel werden gefaltet, eingesammelt und gemischt.
Jedes Kind zieht einen Zettel und liest ihn vor.
Zu welchem Kind passt der Text?

Zu Texten malen und musizieren

Seite 7 Guten Morgen

Begleitet das Lied mit den Tönen F und C auf Klangstäben oder dem Xylophon. Wer kann die Melodie auf der Flöte oder auf einem anderen Instrument spielen?

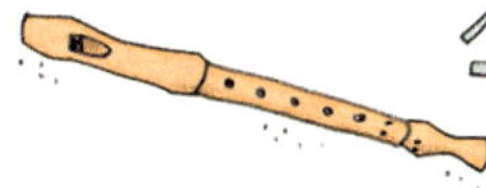

Seite 22 Herbstblätter

Ein Kind liest das Gedicht. Die anderen Kinder machen die Bewegungen und die Klänge dazu.

Gedicht	Bewegung	Klang
Langsam fällt jetzt Blatt für Blatt …	mit den Händen die Bewegung der herunterfallenden Blätter darstellen	Glockenspiel
… und es raschelt, wenn man geht	mit dem Füßen auf dem Boden scharren	Handtrommel
Bunte Blätter falln vom Baum …	mit den Händen die Bewegung der schwebenden Blätter darstellen	Triangel
Plötzlich trägt ein Wind sie fort …	sich schnell drehen	mit dem Schlägel über das Glockenspiel wischen
… sinken und am Boden liegen	langsam zu Boden sinken und liegen bleiben	Triangel, Glockenspiel

Seite 25 Durch die Straßen auf und nieder

Male mit dunklen Farben die Häuser einer Straße und dazwischen die bunten Lichter der Laternen.

Zu Texten malen und musizieren

Seite 39

Ich bin ein Tiger

Begleitet das Gedicht mit Rhythmus-Instrumenten
und sprecht es wie einen Rap.

wichtig artig zornig LUSTIG

Fallen euch noch andere Strophen ein?

Seite 73

Morgen in der Stadt

Welche Geräusche passen zu dem Gedicht?
Wecker klingeln, Türen klappern, Füße trippeln ...
Benutzt auch Alltagsgegenstände, um die Geräusche zu machen.
Nehmt das Gedicht mit euren Geräuschen auf.

Seite 80

Jeder Tag hat eine Farbe

Wie klingt dein blauer Tag? Wie klingt dein roter Tag?
Suche passende Instrumente.

Seite 98

Die Maus

Die Maus kann so viel!
Denke dir eine Geschichte aus. Male sie.

Seite 110

Das schönste Ei der Welt

Jedes Huhn legt ein einzigartiges Ei.
Male ein ganz besonderes Ei.
Klebt eure Ei-Bilder an die Fensterscheibe.
Oder hängt sie draußen an einen Ast.

Texte aufführen

Diese Texte könnt ihr mit verteilten Rollen lesen.
Ihr könnt die Texte auch als Theaterstück aufführen.

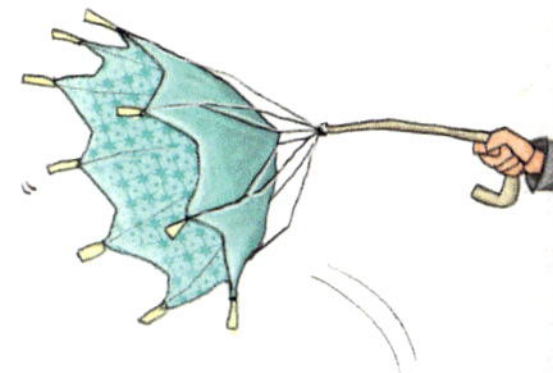

Theater-Wörter

Kostüm: deine Verkleidung

Requisiten: Sachen, die du für das Theaterstück brauchst

Bühne: dort führt ihr das Theaterstück auf

Bühnenbild: Gegenstände und Bilder für das Stück

Texte aufführen

So könnt ihr die Texte lesen und üben:

Verteilt die Rollen

Wie viele verschiedene Sprecherinnen und Sprecher braucht ihr?
Die Farben können euch helfen.

Übt euren Text

Lest euren Text leise und laut.
Wie sollen die Sprecher ihre Sätze betonen?
Ängstlich, fröhlich, nachdenklich, leise …

Entscheidet euch, wie ihr das Stück spielen wollt:

als Theater mit Schauspielern

mit Handpuppen

mit Fingerpuppen

Wer kann helfen?

Eure Lehrerin oder euer Lehrer,
die Hausmeisterin oder der Hausmeister,
eure Eltern

Und wer noch?

Mit Gedichten umgehen: Gedichte vortragen

Lies Gedichte laut oder leise, fröhlich, traurig, zornig, gruselig ...
Was passt am besten zu deinem Gedicht?

Seite 50

Knapp daneben

Das Gedicht ist am witzigsten, wenn du
vor den falschen Reimwörtern eine Pause machst.

Seite 60 64

Nikolausgedichte / Weihnachtsgedichte

Sicher ist sicher: Falls du einem Nikolaus begegnest, solltest du ein Gedicht aufsagen können. Für Weihnachten übe ein anderes Gedicht. Übe mit einem Partnerkind.

Seite 65

Überraschung

Erst fallen die Schneeflocken ganz langsam
und dann immer schneller.
Sprich erst langsam und dann schneller.
Denke am Ende daran, dass der Schnee
eine Überraschung ist. Oje, oje!

Seite 113

Gedichte für dich

Es ist besonders schön, jemandem, den du gerne hast,
ein Gedicht aufzusagen.
Denke bei dem englischen Gedicht an die richtige Aussprache.
Lass dir von deiner Lehrerin oder deinem Lehrer helfen.

Seite 138

Abwasch

Probiere, das Gedicht als Rap zu sprechen.
Das Ende soll sich frech anhören!

Mit Gedichten umgehen: Gedichte schreiben

Seite 12

Abzählverse

Bli, bla, blu,
da steht eine Kuh.
Bli bla blaus,
du bist raus.

Ix – ax – ux,
morgen kommt der …

übermorgen kommt …
und du …

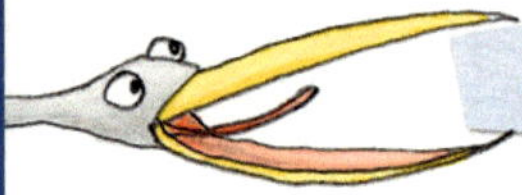

Eck – weg

Ticke, tacke, tick, … Knick
Ticke, tacke, teck … weg

Erfinde selbst Abzählverse.

Seite 65

Überraschung

Scheibe das Gedicht um: Es regnet.
Wie schreibst du den Schluss?

Seite 158

Kartengrüße aus den Ferien

Schreibe auch Kartengrüße aus den Ferien.

Celle – Kelle

Herne – gerne

Nordsee – Halsweh

Winsen – grinsen

Hallo Anna,
hier in Kiel,
passiert heut
leider gar nicht viel.

Tipp: Andere Städtenamen findest du auf Landkarten.

Mit Gedichten umgehen: Gedichte schreiben

Schreibe ein Schneeballgedicht.
In der ersten Zeile steht ein Wort.
In der zweiten Zeile stehen zwei Wörter und so weiter.
Das wichtigste Wort steht am Anfang.

Frühling
Vögel singen
Tulpen und Narzissen
ein wärmerer Wind bläst
endlich wieder ohne Jacke raus

Du kannst dein Schneeball-Gedicht auch schmelzen lassen.
Dann steht das wichtigste Wort am Schluss.

Ein seidig glänzendes schwarzes Fell
auf leisen weichen Pfoten
weiße spitze Zähnchen
kleiner Kater
Tom

Oder du setzt zwei Schneeball-Gedichte zusammen.

Eine
dann zwei
noch mal zwei
immer mehr Flocken fallen
der Schnee liegt sooooo hoch
dann ein erster Sonnenstrahl
es wird warm
Wasser tropft
platsch

Du kannst Schneeball-Gedichte schreiben zu:
Frühling (Seite 102–113),
Sommer (Seite 150–159),
Herbst (Seite 18–29),
Winter (Seite 56–69),
Tieren (Seite 30–43) …

Bücher lesen

Seite 161

Ich liebe Bücher

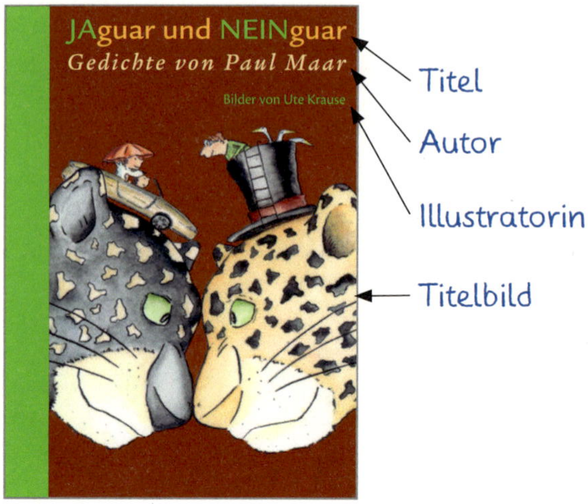

Im Lesebuch findest du
viele Ausschnitte aus Büchern.
Unter den Texten steht,
wer sie geschrieben hat
und manchmal auch,
wer die Bilder gemalt hat.

Der Name eines Buches wird Titel genannt.
Der Autor oder die Autorin hat das Buch geschrieben.
Die Bilder hat der Illustrator oder die Illustratorin gemalt.
Der Verlag lässt das Buch drucken.
Du kannst es dann in einer Buchhandlung kaufen
oder in einer Bücherei ausleihen.

Seite 166

Linas Lesehunger

Eine Bücherei besuchen

In jeder Stadt gibt es eine Bücherei. In manche Orte kommt auch ein Bücherbus. In der Bücherei oder beim Bücherbus kannst du Bücher kostenlos ausleihen.

Welche Büchereien gibt es in deiner Nähe?

Gehe in die Bücherei.
Erkundige dich dort,
wie du Bücher finden kannst.

Findest du Bücher von Paul Maar?
Suche nach Büchern deines Lieblingsautors
oder deiner Lieblingsautorin.

Ein Buch vorstellen

Welches Buch gefällt dir besonders gut?
Wähle ein Buch aus, das du den anderen Kindern vorstellen willst.

Schreibe in Stichworten auf, was du anderen über das Buch sagen möchtest:

Wie heißt das Buch?
Wer hat es geschrieben?
Worum geht es in dem Buch?
Warum hat dir das Buch so gut gefallen?

Mein Lieblingsbuch

Titel:
Detektiv John Chatterton

Autor:
Yvan Pommaux

Darum geht es:
Ein Mädchen in roter Kleidung ist verschwunden.

Lies den anderen Kindern deine Lieblingsstelle aus dem Buch vor.

Bastle dir eine Lesekiste.
Sammle Gegenstände, die in deinem Buch wichtig sind.
Sie helfen dir dabei, von deinem Buch zu erzählen.
Tipp: Du kannst den Gegenstand auch auf ein Kärtchen malen oder schreiben.

Das hilft dir, Texte besser zu lesen und zu verstehen

Alle Lese-Tipps auf einen Blick

- Lies zuerst die Überschrift.
- Schau dir die Bilder an.
- Vermute, worum es in dem Text geht.

- Wenn du etwas nicht verstanden hast, lies einen Abschnitt oder den ganzen Text noch einmal.

- Kläre die unbekannten Wörter.
  - suche im Text nach einer Erklärung
  - schau dir die Bilder an
  - schlage in einem Lexikon nach
  - frage andere Kinder oder Erwachsene

- Stelle W-Fragen an den Text:
  Wer? Was? Wann? Warum? Wo? Wie?

Versuche, diese Tipps bei **allen** Texten anzuwenden.

- Lies zuerst die Überschrift.
- Schau dir das Bild an.
- Vermute, worum es in dem Text geht.

Holtensen brennt

AH, S. 12–13

Das hilft dir, Texte besser zu lesen und zu verstehen

Lies jetzt den ganzen Text.

Holtensen brennt

Bei Holtensen gab es Zwerge. Einmal kam ein Mann aus diesem Dorf an einem Zwergenloch vorbei. Dort sah er einen Zwerg stehen, der einen großen Holztrog mit Gold hatte. Das worfelte er, wie man Getreide worfelt, um es zu säubern.

Da trat der Mann an den Zwerg heran, grüßte ihn und sagte: „Das ist hübsche Arbeit, die möchte ich auch tun!“ Der Zwerg, der ihn nicht hatte kommen sehen, bekam einen gewaltigen Schreck. Er fasste sich aber schnell und rief: „Sieh doch nur, Holtensen brennt!“ Erschrocken drehte sich der Mann nach Holtensen um, sah aber weder Rauch noch Flammen. Als er sich wieder umwandte, waren Gold und Zwerg verschwunden.

- Wenn du etwas nicht verstanden hast, lies den Abschnitt oder den ganzen Text noch einmal.

AH, S. 14–15

Das hilft dir, Texte besser zu lesen und zu verstehen

- Kläre alle Wörter, die du nicht kennst.

– Suche im Text nach einer Erklärung.

– Hilft dir das Bild?

Bei Holtensen gab es Zwerge. Einmal kam ein Mann aus diesem Dorf an einem Zwergenloch vorbei.

– Schlage in einem Lexikon nach.

G das Ge|trei|de, die Getreide
Getreide wächst auf dem Feld.
Aus Getreide werden Mehl und Brot gemacht.
Weizen, Roggen, Hafer und Gerste
sind Getreide.

– Frage andere Kinder oder Erwachsene.

„Worfeln“ kommt von „werfen“. Früher hat man das Getreide hochgeworfen, um die Körner von den leichten Hüllen zu trennen.

- Du verstehst einen Text besser, wenn du Fragen zu ihm stellst:

  Wer spielt in der Geschichte mit?

  Was tat der Zwerg?

  Warum rief der Zwerg „Holtensen brennt“?

AH, S.16–25

Das hilft dir, verschiedene Textarten zu erkennen

Erzähltexte erzählen Geschichten.
Oft sind diese Geschichten ausgedacht.
Sie handeln von Menschen, Tieren oder Fantasiewesen.
Manchmal erzählen die Texte von etwas,
das du selbst auch schon erlebt hast.
Und manchmal von ganz unwahrscheinlichen Ereignissen.

So können Geschichten sein: lustig, traurig, spannend,
ernst, aufregend und noch vieles mehr.

Sachtexte informieren über etwas.
In Sachtexten ist nichts erfunden oder ausgedacht.
Sie erklären dir zum Beispiel etwas über Technik,
Natur und viele andere Themen.
Zu Sachtexten sind oft Fotos abgebildet.
Artikel in Zeitungen oder Zeitschriften sind auch Sachtexte.

Vergissmeinnicht

botanischer Name: *Myosotis*

Die zarten, blauen Blumen sind in Gärten zu Hause, aber auch im Wald, auf Äckern und Feldern.

Die vergessliche Blume

Inhaltsverzeichnis

Stichwortverzeichnis

◎ hierzu gibt es einen Beitrag auf der Hör-CD zum Lesebuch

Quellenverzeichnis

39 **Anger-Schmidt, Gerda:** Ich bin ein Tiger (gek.), aus: Dies. (Hg.): Neun nackte Nilpferddamen. Residenzverlag im Niederösterreichischen Pressehaus Druck- und Verlagsgesellschaft mbH: St. Pölten, Salzburg 2003

88 **Arnold, Marlis:** Die knubbeldicke Kartoffelkönigin, aus: Das Märchen-Kochbuch. Könemann Verlagsgesellschaft, Köln 2000

38 **Auer, Martin:** Zauberkatze, aus: Was niemand wissen kann. Beltz: Weinheim und Basel 1991

50 Knapp daneben (gek.), aus: Lieblich klingt der Gartenschlauch. Thienemann: Stuttgart 1999

150 **Baltscheit, Martin:** Der Sonnenwecker (gek.) und Cover, Illustrationen von Christoph Mett. Bajazzo: Zürich 2008

74 **Bartoschek-Rechlin, Eva und Werner Rizzi:** Die Reise der Sonne, Musik von Heinz Lemmermann. Fidula: Boppard/Salzburg o. J.

23 **Berner, Rotraut Susanne:** Süßes oder Saures, aus: Apfel, Nuss und Schneeballschlacht. Gerstenberg Verlag, Hildesheim 2001

30 **Biermann, Franziska:** Der faule Kater Josef (Text und Bilder), (gek.), und Cover. © 2008 Residenz Verlag im Niederösterreichischen Pressehaus Druck- und Verlagsgesellschaft mbH, St. Pölten – Salzburg

129 **Blum, Lisa-Marie:** Federball, aus: Der kleine Bär kann fliegen. Gütersloher Verlagshaus Mohn: Gütersloh 1986

90 **Blume, Bruno:** Martin (gek.), aus: Gufidaun, Martin und der Außerirdische und Cover, Illustrationen von Jacky Gleich. Tulipan: Berlin 2007

144 **Boie, Kirsten:** Klar, dass Mama Anna lieber hat (gek.) und Cover, Illustrationen von Silke Brix-Henker. Oetinger: Hamburg 1994

78 **Borchers, Elisabeth:** Das ist die Erde, aus: Hans-Joachim Gelberg (Hg.): Die Stadt der Kinder. Beltz: Weinheim und Basel 1999

104 März (gek.) (Originaltitel: Jahreszeiten), aus: Hans-Joachim Gelberg (Hg.): Großer Ozean. Beltz: Weinheim und Basel 2006

117 **Brender, Irmela:** Simsalabim (gek.), aus: War mal ein Lama in Alabama. Oetinger: Hamburg 2001

158 Kartengrüße aus den Ferien, aus: War mal ein Lama in Alabama. Oetinger: Hamburg 2001

64 **Busta, Christine:** Zieh dein Mützlein auf die Ohren, aus: Die Sternenmühle. Otto Müller Verlag: Salzburg 1959

130 **Bustarret, Nicole:** Gewöhnlicher Löwenzahn (bearb.), Scharfer Hahnenfuß (bearb.), aus dem Französischen von Cornelia Panzacchi, und Cover, aus: Wildblumen, Naturführer für Entdecker. cbj: München 2008

18 **Carle, Eric:** Nur ein kleines Samenkorn (Text und Bilder), (gek.) und Cover, aus dem Amerikanischen von Edmund Jacoby, aus: Bilder Buch Schatz. Gerstenberg: Hildesheim 2009

67 **Carpelan, Bo:** Nur ein bisschen krank, aus dem Finnischen von Marjaleena Lembcke, aus: Poesie-Poesa. © Bonniers Juniorförlag: Stockholm

53 **Damm, Antje:** Räuberkinder (Text und Bilder), (gek.). Gerstenberg: Hildesheim 2008

146 **Dietl, Erhard:** Manchmal wär ich gern … (gek.). aus: Manchmal wär ich gern ein Tiger: ein Buch zum Träumen. Ravensburger Buchverlag Otto Maier: Ravensburg 1985

70 **Donaldson, Julia:** Stockmann (bearb.) und Cover, aus dem Englischen von Wiglaf Droste und Stefan Maelck, Illustrationen von Axel Scheffler. Beltz: Weinheim und Basel 2008

20 **Dreher, Oskar:** Der Wind vor dem Richter (gek.), aus: H. Schores (Hg.): Gedichte für die Grundschule. Diesterweg: Frankfurt a. M. 1972

54 **Drvenkar, Zoran:** Die tollkühnen Abenteuer von JanBenMax (bearb.). Bloomsbury: Berlin 2008

79 **Englert, Sylvia:** Warum leuchten die Sterne? (bearb.), aus: Weltall. cbj: München 2008

16 **Färber, Werner:** Auf dem kürzesten Weg (gek.), © Werner Färber

76 Sehnsucht nach Papa (gek.), aus: Bildermaus – Kleine Geschichten von der Uhr. Loewe: Bindlach 1999

86 **Floto-Stammen, Sonja:** Wer isst was? Originaltitel: Wo Schmatzen und Schlürfen erlaubt ist! (bearb.). moses Verlag: Kempen 2008

105 **Frank, Karlhans:** Im Eigelb steckt der Igel. Boje: Köln 2008

22 **Fritzke, Erna:** Herbstblätter, aus: Klick 3/4 Musik. Cornelsen: Berlin 2009

75 **Frorath, Günter und Rosemarie Harbert:** Was zwischen Morgen und Abend passiert, aus: Stundenbuch für Kinder. Matthias-Grünewald-Verlag: Mainz 1975

83 **Grosche, Erwin:** Die Stille, aus: König bin ich gerne. omnibus: München 2006

65 **Guggenmos, Josef:** Die Schnecke im Winter, aus: Was denkt die Maus am Donnerstag? Beltz & Gelberg: Weinheim und Basel 1998

105 Dieses Haus, aus: Ilse Werner (Hg.): Kinderzeit im Festtagskleid. Herder: Freiburg und Basel 1993

116 Das ABC im Rückwärtsgang, aus: Sonne, Mond und Luftballon. Gedichte für Kinder. Beltz & Gelberg in der Verlagsgruppe Beltz, Weinheim und Basel: 1984

136 **Hamilton, Richard:** Wenn ich du wäre (gek.) und Cover, aus dem Englischen von Uwe-Michael Gutzschhahn, Illustrationen von Babette Cole. © Patmos Verlag GmbH & Co. KG Sauerländer Düsseldorf 2009

13 **Harranth, Wolf:** Ich hab etwas für dich, aus: Macht die Erde nicht kaputt. Herder: Wien/Freiburg: 1984

133 **Hauk, Annabelle:** Die Pflanzen-Sprache (bearb.), aus: BR-Kinderinsel, http://www.br-online.de/kinder/fragen-verstehen/wissen/2006/01504/

110 **Heine, Helme:** Das schönste Ei der Welt. Beltz & Gelberg, Reihe MINIMAX: Weinheim und Basel 2009

96 **Heinlein, Sylvia:** Die Sache mit den Superhelden (bearb.) und Cover; Illustrationen von Sabine Wiemers. Tulipan: Berlin 2009

154 **Herfurtner, Rudolf:** Willi hat keine Schwimmhäute (bearb.), aus: Der wasserdichte Willibald. Deutscher Taschenbuch Verlag: München 2002

65 **Herold, Gottfried:** Überraschung, aus: Mein Emil heißt Dackel. Kinderbuchverlag: Berlin 1987

159 **Hirsch, Josephine:** Die Muschel hat das Meer gefangen, aus: Georg Bydlinski: Der neue Wünschelbaum. Dachs: Wien 1999

108 **Hirscher, Petra:** Ostern in Italien (bearb.), Colomba della pace (bearb.) (Originaltitel: Ostern – Pasqua), aus: Kinderfeste rund ums Jahr. Knaur: München 2004

128 **Hofbauer, Friedl:** Was ist eine Wiese? aus: Georg Bydlinski: Der Wünschelbaum. Herder: Freiburg und Wien 1984

78 **Hohler, Franz:** Lange vor allem, aus: Jürg Schubiger und Franz Hohler: Aller Anfang. Beltz und Gelberg: Weinheim und Basel 2006

25 **Holzmeister, Lieselotte:** Durch die Straßen auf und nieder, aus: Martinslieder, Laternentänze. © Fidula 1996

83 **Janisch, Heinz:** Die Brille, aus: Ich schenk dir einen Ton aus meinem Saxofon. Jungbrunnen: Wien, München, 1999

159 Der König und das Meer. Sanssouci im Carl Hanser Verlag: München 2008

102 **Janosch:** Das Apfelmännchen (Text und Bilder), (gek.) und Cover. NordSüd Verlag: Gossau Zürich 2006

129 **Kahlau, Heinz:** Der Löwenzahn, aus: Der Rittersporn blüht blau im Korn. Der Kinderbuchverlag: Berlin 1999

51 **Kästner, Erich:** Don Quichotte (gek.) und Cover, aus: einfach lesen! Cornelsen: Berlin 2009

66 **KNISTER** und **Paul Maar:** Ulli ist krank (bearb.), aus: Frühling, Spiele, Herbst & Lieder. Otto Maier: Ravensburg 1981

62 **König, Olivia** und Heike Gödecke-Brose: Weihnachtszeit in den Niederlanden (bearb.), aus: Überall ist Weihnachten. Lentz Verlag in der F.A. Herbig Verlagsbuchhandlung: München 1997

73 **Könner, Alfred:** Morgen in der Stadt, aus: Bilderzoo. Altberliner: Berlin 1983

42 **Koneffke, Jan:** Kakadu und Papagei, aus: Amelie Fried (Hg.): Ich liebe dich wie Apfelmus. cbj: München 2006

148 **Kordon, Klaus:** Erstens, zweitens, drittens (gek.), aus: Leselöwen Opageschichten. Loewe: Bindlach 1995

34 **Krüss, James:** Hundesprache (gek.), aus: James' Tierleben. Carlsen: Hamburg 2003

72 Morgenmusik (gek.), aus: James' Tierleben. Carlsen: Hamburg 2003

84 **Kühl, Katharina:** Der Tollpatsch (gek.), aus: Familiengeschichten. Loewe: Bindlach 1999

48 **Künnemann, Horst (Hg.):** Weizendieb und böser Wind, aus: Die schönsten Geschichten aus 1001 Nacht. Lappan: Oldenburg 2004

6 **Künzler-Behncke, Rosemarie:** Jonas geht in die Schule (bearb.), aus: Mein buntes Bilderlesebuch, Ravensburger Buchverlag: Ravensburg 2006

152 Was im Sommer Freude macht, aus: Halli Hallo Halunken, die Fische sind ertrunken! Beltz & Gelberg: Weinheim und Basel 2009

129 **Kunze, Reiner:** Blumenlied, aus: Hans-Joachim Gelberg (Hg.): Geh und spiel mit dem Riesen. Beltz Verlag: Weinheim und Basel 1971

146 Die Sonntagmorgenmeise, aus: Wohin der Schlaf sich schlafen legt. S. Fischer: Frankfurt a. M. 1991

32 **Lange, Monika:** „Hallo, das bin ich!" (gek.), aus: Mit Katz und Hund auf Du und Du. rororo Rotfuchs Rowohlt: Hamburg 2000

33 „Bitte streicheln!" (gek.), aus: Mit Katz und Hund auf Du und Du. rororo Rotfuchs Rowohlt: Hamburg 2000

125 Meister im Tarnen (gek.) mit Fotos von Ingo Arndt, aus: Monika Lange und Ingo Arndt: Geheime Welt der Raupen. Sauerländer in der Patmos Verlagsgruppe: Mannheim 2008

56 **Lindgren, Astrid:** Weihnachten im Stall (gek.), übersetzt von Anna-Liese Kornitzky und Cover, Illustrationen von Lars Klinting. Oetinger: Hamburg 2002

93 Pippi ist ein Sachensucher (gek.), Illustrationen von Katrin Engelking, aus dem Schwedischen von Cäcilie Heinig, aus: Pippi Langstrumpf. Oetinger: Hamburg 1987

134 Der beste Karlsson der Welt (gek.), aus dem Schwedischen von Thyra Dohrenburg, Oetinger: Hamburg 1995

26 **Lins, Bernhard:** Laterne, Laterne, aus: Kindertheater fürs ganze Jahr. Annette Betz: Wien, München 2008

68 Fasching auf dem Bauernhof, aus: Kindertheater fürs ganze Jahr. Annette Betz: Wien, München 2008

106 Zehn kleine Osterhasen, aus: Kindertheater fürs ganze Jahr. Annette Betz: Wien, München 2008

120 **Ludwig, Sabine:** Leo und Lucy – Privatdetektive (bearb.) und Cover Oetinger: Hamburg 2008

52 **Maar, Paul:** Ein Kartenspiel mit Fehlern (Text und Bilder), (bearb.) in: Neue Punkte für das Sams und Cover. Friedrich Oetinger: Hamburg 1992

105 Nicht sehr häufig rasen Hennen, aus: JAguar und NEINguar. Oetinger: Hamburg 2007

160 Verwurmter Apfel, Bild von Ute Krause, aus: JAguar und NEINguar und Cover. Oetinger: Hamburg 2007

161 Drachenlachen; A-E-I-O-U, Bilder von Ute Krause, aus: JAguar und NEINguar. Oetinger: Hamburg 2007

163 Missratenes Gedicht (Originaltitel: Missratenes Gedicht 1), Bild von Ute Krause, aus: JAguar und NEINguar. Oetinger: Hamburg 2007

165 Gelogen, Bild von Ute Krause, aus: JAguar und NEINguar. Oetinger: Hamburg 2007

8 **Manz, Hans:** Eine Buchstabengeschichte, aus: Ein kleines o steht vor dem Zoo, Illustrationen von Verena Ballhaus. Nagel & Kiemche im Carl Hanser Verlag: München 2000

13 **Maiwald, Peter:** Sonne, Mond und Sterne, aus: Dorothée Kreusch-Jakob: Rosen, Tulpen, Kieselstein. Ellermann: München 1989

95 **Manz, Hans:** Vor Müdigkeit umfallen, aus: Lieber heute als morgen. Beltz & Gelberg: Weinheim und Basel 1988

147 **Masurel, Claire:** Ich hab zwei Haustüren (bearb.), (Originaltitel: Ich hab euch beide lieb!), übersetzt von Irmtraut Fröse-Schreer. Brunnen-Verlag: Gießen 2007

132 **Mogensen, Jan:** Der freundliche Gärtner (gek.). Carlsen: Hamburg 1998

38 **Moser, Erwin:** Die Katze, aus: Georg Bydlinski (Hg.): Der neue Wünschelbaum. Dachs: Wien 1999

156 **Niebisch, Jackie:** Zwei Ameisen reisen nach Australien (gek.). Ravensburger Buchverlag: Ravensburg 1999

104 **Nöstlinger, Christine:** Neue Bauernregel, aus: Ein und Alles. Beltz: Weinheim und Basel 1992

36 **Och, Sheila:** Balaban, der Hund (bearb.), aus: Balaban Neumann, der Hund. Sauerländer: Aarau, Frankfurt a. M., Salzburg 1999

43 **o. V.:** Welches Tier passt zu mir? (gek.), aus: GEOlino Nr. 9, September 2009: Der GEOlino Haustiercheck Welches Tier passt zu mir?, © GEO 2009, Verlag Gruner + Jahr, Hamburg

98 **o. V.:** Maus, Elefant und Ente, Elefantabet: Die Sendung mit der Maus

99 **o. V.:** Das Brausepulver-Experiment (bearb.), aus:http://www.wdrmaus.de/spielen/basteln/brausepulver-luftballon.php5, Zugriff: 20.9.09

135 **o. V.:** Pflanzanleitung (Anleitung auf einem Samentütchen), aus: Eric Carle: Nur ein kleines Samenkorn. Gerstenberg: Hildesheim 2001

14 **Parvela, Timo:** Ella im Schwimmbad (gek.), aus: Ella in der Schule, übersetzt von Anu Stohner und Nina Stohner sowie Buchcover und CD-Cover. Carl Hanser Verlag: München 2007

114 **Pommaux, Yvan:** Detektiv John Chatterton Bilderbuch (gek.), aus dem Französischen von Anima Kröger. © Moritz Verlag: Frankfurt/M. 1994

35 **Prap, Lila:** Das tierische Wörterbuch (gek.), NordSüd: Zürich 2006

46 **Preußler, Otfried:** Räuber Hotzenplotz (gek.). Thienemann: Stuttgart 1962

82 **Rathenow, Lutz:** Ich freu mich, aus: Sterne jonglieren. Ravensburger Buchverlag Otto Maier: Ravensburg 1989

87 **Richter, Jutta:** Schmeckt, aus: Am Himmel hängt ein Lachen. Boje: Köln 2009

28 **Riha, Susanne:** Das kleine Eichhörnchen (Text und Bilder), (gek.). Annette Betz: München 1990

4 **Scheffler, Ursel:** Ätze, das Tintenmonster (gek.) und Cover, Illustrationen von Erhard Dietl. Ravensburger Buchverlag: Ravensburg 2009

118 Die rote Socke (bearb.), aus: Kommissar Kugelblitz – Die rote Socke, Bilder von Hannes Gerber. Egmont Franz Schneider Verlag, München 2009

22 **Schirneck, Hubert:** Windgedicht, aus: Hans-Joachim Gelberg (Hg.): Oder die Entdeckung der Welt. Beltz & Gelberg: Weinheim und Basel 1997

112 **Schmidt, Waltraut und Christine Adrian:** Die jungen Amseln, aus: Was lebt in unserem Garten? Ravensburger Buchverlag Otto Maier: Ravensburg 1996

173 **Schreiber-Wicke, Edith:** Mein Kater (bearb.), aus: Georg Bydlinski (Hg.): Der neue Wünschelbaum. Dachs Verlag: Wien 1999

126 **Schroeder, Binette:** Ritter Rüstig & Ritter Rostig (gek.) (Text und Bilder) und Cover. NordSüdVerlag: Zürich 2009

143 **Schubiger, Jürg:** Mutter, Vater, ich und sie (U4-Text). Beltz & Gelberg: Weinheim und Basel 1997, 2001

149 **Schwarz, Regina:** Du, aus: Hans-Joachim Gelberg (Hg.): Augenaufmachen. Beltz: Weinheim und Basel 1984

58 **Schweiggert, Alfons:** Die Geschichte vom beschenkten Nikolaus, aus: Rolf Krenzer: Weihnachten ist nicht mehr weit. Lahn Verlag: Limburg o. J.

104 **Bauernregel, aus:** Wo bleibt bloß der Osterhase? Bitter Verlag: Recklinghausen 1993

80 **Seuss, Dr.:** Jeder Tag hat eine Farbe (gek.), übersetzt von Uli Blume, Illustrationen von Steve Johnson und Lou Fancher und Cover. © für die deutschsprachige Ausgabe: C. Bertelsmann Jugendbuchverlag, ein Unternehmen der Verlagsgruppe Random House GmbH: München 1997

153 **Sokolowski, Ilka:** Unterwasser-Seh-Rohr, aus: Jetzt ist der Sommer endlich da! (bearb.) Sauerländer in der Verlagsgruppe Patmos: Düsseldorf 2008

100 **Starkids:** Interview mit Fatmire „Lira" Bajramaj (bearb.) aus: http://www.star-kids.de/starkids/star_kids_tv/4staffel/bajramaj.html, Zugriff 9.10.09

24 **Stellmacher, Hermien:** Wer war Sankt Martin? Warum gibt es Laternenumzüge? (bearb.), aus: Mein großes Jahreszeiten-Buch. arsEdition: München 2006

44 **Ungerer, Tomi:** Die drei Räuber (Text und Bild) (gek.), übersetzt von Tilde Michels, und Cover. © 1963 Diogenes Verlag AG Zürich

101 **Vandermeeren, Hilde:** Der zwölfte Mann (gek.) Bilder von Marjolein Pottie, übersetzt von Ursula Debus, Birgit Heintz sowie Buch- und CD-Cover. Kinderbuchverlag Wolff: Bad Soden 2005

138 **Vendel, Edward van de:** Abwasch (bearb.), aus: Superguppy. Boje: Köln 2008

40 **Wasserfall, Kurt:** Der Wellensittich Clara (bearb.), aus: Es war einmal ein Zweihorn. Sauerländer: Düsseldorf 2004

13 **Wittkamp, Frantz:** Vielleicht, aus: Ich glaube, dass du ein Vogel bist. Beltz: Weinheim und Basel 1987/1990

113 Ausrufezeichen, aus: Mein großes Glück bist du. Coppenrath: Münster 2002

113 Ich freue mich, wenn ich dich seh, aus: Du bist da und ich bin hier. Beltz: Weinheim und Basel 1998

94 **Weiler, Jan:** Lange Lange Lange Langeweile (gek.), aus: Hier kommt Max. Rowohlt Taschenbuch Verlag: Hamburg 2009

140 **Wilson, David Henry:** Der Streik (bearb.), übersetzt von Helmut Winter, aus: Jeremy James oder Wenn Schweine Flügel hätten. Carlsen: Hamburg 2007

142 **Wishinsky, Frieda:** Bitte, Luise! Wenn die kleine Schwester nervt (bearb.), übersetzt von Christiane Thielmann. Carl Hanser: München 2009, Text © Frieda Wishinsky

64 **Wölfel, Ursula:** Wenn Weihnachten ist, aus: Das goldene ABC. Kinderbuchverlag: Berlin 1970

122 **Young, Ed:** Was ist das rätselhafte Ding am Teich? (Text und Bilder) (gek.), (Originaltitel: Sieben blinde Mäuse), aus dem Amerikanischen von Katrin Schulz. Beltz & Gelberg: Weinheim und Basel 2007

143 **Zauleck, Franz:** Ein, zwei oder drei (bearb.), aus: Im Zwölfminutenwald. Ernst Klett: Leipzig 2002

Originalbeiträge

105 **Hattendorf, Erna:** Eiersuche; In der Osterglocke

21 Drachenpost – Briefe an den Wind

23 Uuuaaahhhh!

61 **Fokken, Silke:** Der Heilige Nikolaus

130 Vergissmeinnicht

166 Linas Lesehunger

164 **Krause, Ute:** Ute Krause malt gern Unsinnsbilder

162 **Maar, Paul:** Paul Maar kennt gute Tricks zum Reimen

10 **Petereit, Judith:** Zungenbrecher

63 **Wörner, Martin** und Judith Petereit: Letterbanket – Buchstabenkuchen

Fotos und Bilder

21 Erna Hattendorf, Berlin

39 Jim Davis: Garfield, aus: Garfield spielt auf. Krüger Verlag GmbH: Frankfurt 1987. © Bulls Press, Frankfurt

62 Cornelsen Verlagsarchiv

61 Martin Wörner, Schriesheim

79 Sternenhimmel, aus: Die 50 besten optischen Illusionen. Moses Verlag 2007

86 Essensbilder aus: Floto-Stammen, Sonja: Wo Schmatzen und Schlürfen erlaubt ist! moses Verlag: Kempen 2008

86 Kinder: corbis/Dave Bartruff (Japan); Cornelsen Verlagsarchiv (Marokko); Bildagentur Huber (Kroatien)

98 Maus, Elefant, Ente. © J. Schmitt-Menzel / Friedrich Streich, WDR mediagroup licensing GmbH, Die Sendung mit der Maus ® WDR

100 pixathlon sportfotografie/Yukari Kinga (Bajramaj)

108 Cornelsen Verlagsarchiv

109 Erna Hattendorf, Berlin

124 Hans Jürgen Press: Was leuchtet in jedem Bild? (Originaltitel: Lichter am Abend), aus: Rätselspaß für Spürnasen. cbj: München 2004

130 Cornelsen Verlagsarchiv (Löwenzahn); wikipedia/CC/Jörg Hempel (Vergissmeinnicht)

131 Cornelsen Verlagsarchiv (Hahnenfuß)

138 Calvin und Hobbes, aus: Bill Watterson: Die phantastischen Zwei. Aus dem Amerikanischen von Waltraud Götting. Wolfgang Krüger Verlag: Frankfurt a. M. 1996, © 1996 Bill Watterson

162 picture-alliance/dpa

164 Karoline Kehr, Hamburg

197 Pippi Langstrumpf. Oetinger: Hamburg 2007

207 Katzenauge: Eva Czerwenka

Auflösungen

zu Seite 116

So kannst du die Geheimschrift lesen:
Finde die Buchstaben in der linken Spalte und ersetze sie durch die Buchstaben in der rechten Spalte.

zu Seite 117

So kannst du die Geheimschrift lesen:
Manchmal musst du das i durch ein e, ein o oder ein ä ersetzen.

zu Seite 118

Betrachte das Bild auf Seite 119 genau:
Dem ersten Koch, der hinter dem Kellner steht, fehlt eine Socke.

zu Seite 120

Die Hinweise auf den Dieb stehen auf der Seite 121 in den Zeilen 30, 32, 39 und 41 bis 44.
Tschin-Tschin, die Katze, hat die Bulette geklaut.

zu Seite 122

Das seltsame Ding ist ein Elefant.

zu Seite 124

Lösungswort: Katzenauge

Jo-Jo

Lesebuch 2

Erarbeitet von Katja Eder, Silke Fokken, Erna Hattendorf, Martin Wörner

Unter Einbeziehung der Ausgabe von Erna Dransfeld, Friedrich Dransfeld, Hartmut Kulick, Claudia Maack, Annett Marchand, Horst Schaub, Gudrun Schulz, Martin Wörner

Unter Beratung von Katharina Böer (Hannover), Barbara Jansen (Viersen), Gabriele Janyska (Gütersloh), Alexandra Mangold (Breisach), Annett Marchand (Benningen), Carola Peter-Weiß (Blaubeuren), Catrin Puschmann (Visselhövede), Daniele Wagener (Melle), Nicole Wolters (Mönchengladbach)

Redaktion Birgit Waberski, Susanne Dahlbüdding
Bildredaktion Peter Hartmann
Illustrationen Pe Grigo
Umschlagillustration Sylvia Graupner
Gesamtgestaltung und technische Umsetzung Heike Börner

www.cornelsen.de

1. Auflage, 5. Druck 2013

Alle Drucke dieser Auflage sind inhaltlich unverändert und können im Unterricht nebeneinander verwendet werden.

Druck: Mohn Media Mohndruck, Gütersloh

ISBN 978-3-06-082623-0

Inhalt gedruckt auf säurefreiem Papier aus nachhaltiger Forstwirtschaft.